特別支援教育総論

加瀬　進・髙橋　智

特別支援教育総論（'19）

©2019　加瀬　進・髙橋　智

装丁・ブックデザイン：畑中　猛

o-40

まえがき

　2007年4月1日より，その前年6月21日に公布された「学校教育法等の一部を改正する法律（平成18年法律第80号）」が施行された。すなわち「特殊教育」から「特別支援教育」への転換点である。巻頭にあたって，同法施行の際に出された通知文の冒頭を見ておこう。

　　「今回の改正は，近年，児童生徒等の障害の重複化や多様化に伴い，一人一人の教育的ニーズに応じた適切な教育の実施や，学校と福祉，医療，労働等の関係機関との連携がこれまで以上に求められているという状況に鑑み，児童生徒等の個々のニーズに柔軟に対応し，適切な指導及び支援を行う観点から，複数の障害種別に対応した教育を実施することができる特別支援学校の制度を創設するとともに，小中学校等における特別支援教育を推進すること等により，

　　障害のある児童生徒等の教育の一層の充実を図るものであります」。

　時を同じくして2007年9月，わが国は障害者権利条約に署名し，その後「障害者虐待防止法」「障害者差別解消法」等の法制度整備を進め，「特別支援教育は，共生社会の形成に向けて，インクルーシブ教育システム構築のために必要不可欠なもの」（共生社会の形成に向けたインクルーシブ教育システム構築のための特別支援教育の推進（報告），2012年7月23日，初等中等教育分科会）と謳って2014年1月に同条約に批准するに至った。その後もさらに2016年6月には改正児童福祉法を交付して「医療的ケア児」を支援対象として明確化し，2018年4月からは高等学校に通級による指導を導入するなど，新たな展開を見せている。

　「特殊教育」から「特別支援教育」への転換における通知文が公にされてから10年余り。この間，特別支援教育はどのような発展を遂げ，多

様な特性を有する幼児児童生徒の理解と教育に関する知見を蓄積し，新たな課題に挑戦しようとしてきたのであろうか。本書は筆者らの，この点に関わる現時点での理論的・実践的メッセージである。

　全体の構成を説明しておきたい。まず第1章「特別支援教育の理念と構造」において特別支援教育を概観し，続く第2章から第10章まで視覚障害，聴覚障害，言語障害，知的障害，肢体不自由，病気の子ども，情緒障害，発達障害，重度・重複障害の各々について障害の基礎知識，教育のしくみ，教育の方法，実践的課題を解説する。第11章以降はトピックとして取り上げたい5つのテーマ，すなわち「自閉スペクトラム症と非定型発達」「コミュニケーション支援」「教育課程編成と授業づくり」「「チームとしての学校」と校内支援システム」「移行支援と多職種連携」各々について論究している。

　放送教材とあわせ，本書の内容理解に努めることで，「障害のある児童生徒等の教育の一層の充実」をさらに進めるために，何が必要とされているのかを共に考える機会になることを願っている。

2019年3月

加瀬　進

髙橋　智

目 次

まえがき　3

1 ｜ 特別支援教育の理念と構造　｜ 加瀬　進　9
1．特別支援教育の理念　9
2．特別支援教育の制度・体制　10
3．特別支援教育の政策動向　15
4．特別支援教育と特別ニーズ教育　22

2 ｜ 視覚障害と教育　｜ 星　祐子　25
1．視覚障害とは　25
2．視覚に障害のある子どもたちの教育　31

3 ｜ 聴覚障害と教育　｜ 澤　隆史　44
1．聴覚障害とは　44
2．聴覚障害教育のしくみ　48
3．聴覚障害教育の方法　50
4．聴覚障害教育の実践的課題　55

4 ｜ 言語障害と教育　｜ 澤　隆史　60
1．言語障害とは　60
2．言語障害教育のしくみ　65
3．言語障害教育の方法　66
4．言語障害教育の実践的課題　72

5 知的障害と教育 　　　奥住秀之　76

1．知的障害とは　76

2．知的障害教育のしくみ　82

3．知的障害教育の方法　86

4．知的障害教育の実践的課題　90

6 肢体不自由と教育 　　　村山　拓　93

1．肢体不自由とは　93

2．肢体不自由に関連する代表的疾患　97

3．肢体不自由児の教育：内容面の課題　100

7 病気の子どもと教育 　　　髙橋　智　105

1．病弱・身体虚弱教育とは　105

2．病気の子どもの教育の現状　107

3．スウェーデンにおける病気の子どもの教育とケア　108

4．日本における病気の子どもの教育の課題　120

8 情緒障害と教育 　　　髙橋　智　123

1．情緒障害とは　123

2．情緒障害の教育　124

3．現代社会における情緒障害の様相：
子どもの多様な「育ちと発達の困難」　124

4．子どもの「育ちと発達の困難」への支援事例　128

5．多様な「育ちと発達の困難」を有する子どもの支援の課題
132

9 | 発達障害と教育　　　　　　　　　|　髙橋　智　136

1. 発達障害とは　136
2. 発達障害等の当事者が求める理解と支援　137
3. おわりに　149

10 | 重度・重複障害と教育　　　　　　|　村山　拓　153

1. 重度・重複障害とは　153
2. 重度・重複障害児への基本的支援　157
3. 重度・重複障害児教育の実践的課題　161
4. 総括　164

11 | 自閉スペクトラム症と非定型発達

　　　　　　　　　　　　　　　　　　|　藤野　博　166

1. 自閉スペクトラム症（ASD）とは　166
2. 非定型的な発達という視点　173
3. 支援と教育について　174

12 | コミュニケーション支援　　　　　|　藤野　博　178

1. 補助・代替コミュニケーション（AAC）　178
2. 社会性の発達支援　183

13 | 教育課程編成と授業づくり　　　|　村山　拓　190

1. 学習指導要領と教育課程編成　190
2. 特別支援学校，特別支援学級における授業づくり　194
3. 交流および共同学習の実践　198
4. カリキュラム・アクセスと構成主義的な学習観：
   まとめに代えて　200

14 | 「チームとしての学校」と校内支援システム

| 加瀬 進　202

1. 特別支援教育の推進と「チームとしての学校」　202
2. 特別支援教育コーディネーターの役割　203
3. 「チームとしての学校」　204
4. 子どもの多様性と「特別な教育的ニーズ」　208
5. 校内支援システムのあり方　210
6. 校内支援システムづくりのポイント　212
7. 生活諸領域のニーズへの対応　214

15 | 移行支援と多職種連携　　| 加瀬 進　218

1. 「移行支援」に関する2つの視座　218
2. 「個別の教育支援計画」と"個別支援計画"　223
3. ライフステージと移行支援の課題　224
4. 事例にみる移行支援システムづくり：T市の保幼小連携　227
5. 多職種連携を求められる4つの類型　230
6. おわりに　233

索　引　　235

1 | 特別支援教育の理念と構造

加瀬 進

《目標＆ポイント》 「障害」を起因として，学校が活用できる通常の「ひと・もの・こと」では充足できない「特別なニーズ」を有する児童生徒に対し，通常の学級，特別の学級・学校すべてにおいて適切な教育を行うのが特別支援教育である。本章では特別支援教育の理念，学校教育制度における位置づけ，特別支援教育を構成する主たる要素を概観する。

《キーワード》 特別支援教育，特別支援教育の制度・体制，特別支援教育の政策動向，特別ニーズ教育

1. 特別支援教育の理念

　2007年4月1日，特別支援教育が法的に位置付けられた改正学校教育法の施行にあたり，各都道府県・指定都市教育委員会教育長，各都道府県知事並びに附属学校を置く各国立大学法人学長あてに，文部科学省初等中等教育局長名で「特別支援教育の推進について（通知）19」（文科初第125号）が出された。この通知文書は今日にいたる「特別支援教育」の骨格を示したものであるが，その冒頭において特別支援教育の理念が次のように謳われている。

① 特別支援教育は，障害のある幼児児童生徒の自立や社会参加に向けた主体的な取組を支援するという視点に立ち，幼児児童生徒一人一人の教育的ニーズを把握し，その持てる力を高め，生活や学習上の困難を改善又は克服するため，適切な指導及び必要な支援を行うものであ

る。

② 特別支援教育は，これまでの特殊教育の対象の障害だけでなく，知的な遅れのない発達障害も含めて，特別な支援を必要とする幼児児童生徒が在籍する全ての学校において実施されるものである。

③ 特別支援教育は，障害のある幼児児童生徒への教育にとどまらず，障害の有無やその他の個々の違いを認識しつつ様々な人々が生き生きと活躍できる共生社会の形成の基礎となるものであり，我が国の現在及び将来の社会にとって重要な意味を持っている。

この通知以前の「特殊教育」は障害種類と程度に応じて，盲学校・聾学校・養護学校，及び特殊学級あるいは通級による指導という通常の学校・学級とは異なる「場」において実施されるものとされていた。しかしながら「特別支援教育」は通常学級を含めた「すべての学校」において「一人一人の教育的ニーズを把握し」ながら展開される「適切な指導及び必要な支援」を指すものへと転換し，改めて共生社会形成の基礎となるものであることが明示されたのである。では，この理念を実現するためのしくみはどのようになっているのであろうか。

2. 特別支援教育の制度・体制

（1） 特別の学校及び学級について

特殊教育の制度では盲学校・聾学校・養護学校（対象によって知的障害・肢体不自由あるいは病弱に分類）という学校種別，並びに通常の学校に設置することができる（必置ではない）特殊学級または通級指導教室（通級による指導を行う特別の場）が置かれていたが，特別支援教育では次のようになっている。

1） 特別支援学校

盲・聾・養護学校という区分をなくし，複数の障害種別部門を置くこ

とができることとなった。対象となる障害種別は視覚障害・聴覚障害・知的障害・肢体不自由・病弱／身体虚弱で（学校教育法第72条），2007年度以降，在籍者合計は年々上昇している。2016年度現在，特別支援学校の学校数は1,125校，特別支援学校在籍者数13万9,812人である（**表1-1**）。

2） 特別支援学級

　従来の特殊学級を踏襲したもので，幼稚園・小学校・中学校・義務教育学校・高等学校及び中等教育学校に置くことができる。知的障害，肢体不自由，病弱・身体虚弱，弱視，難聴がその対象となるが，「その他」として言語障害，自閉症・情緒障害が該当するともに，疾病により療養中の児童及び生徒に対しても設置するか，教員を派遣することができる（学校教育法第81条）。特別支援学校同様，在籍者数合計は年々上昇している。2016年度現在，義務教育段階の全児童生徒数に占める特別支援学級の在籍者数の割合は2.18％である（**表1-2**）。

表1-1　特別支援学校の学校数と在籍者数（2016年度現在）（表1-1～3：文部科学省「特別支援教育資料（平成28年度）」）　　　　（単位：人）

	視覚障害	聴覚障害	知的障害	肢体不自由	病弱・身体虚弱	合計
学校数	84	120	761	349	149	1,125
在籍者数	5,587	8,425	126,541	31,889	19,559	139,812

※複数の障害種を対象としている学校・学級，また，複数の障害を併せ有する幼児児童生徒については，それぞれの障害種ごとに重複してカウントしている。

表1-2　特別支援学級の学級数と在籍者数（2016年度現在）　　（単位：人）

	知的障害	肢体不自由	病弱・身体虚弱	弱視	難聴	言語障害	自閉症・情緒障害	計
学級数	26,136	2,918	1,917	470	1,057	621	24,109	57,228
在籍者数	106,365	4,418	3,208	552	1,617	1,708	99,971	217,839

表1-3　通級による指導を受けている児童生徒数（2016年度現在）

	言語障害	自閉症	情緒障害	弱視	難聴	学習障害	注意欠陥多動性障害	肢体不自由	病弱・身体虚弱	計
小学校	36,413	13,551	9,783	161	1,677	11,636	14,625	69	13	87,923
中学校	380	2,325	2,041	18	414	2,907	2,261	23	14	10,383
合計	36,793	15,876	11,824	179	2,091	14,543	16,886	92	27	98,311

3）　通級による指導

　小学校・中学校・義務教育学校・中等教育学校前期課程において，大部分の授業を通常の学級で受けながら，一部の授業について障害に応じた特別の指導を特別な場で受ける指導形態を指す。言語障害・自閉症・情緒障害・弱視・難聴・学習障害・注意欠陥多動性障害が対象となるが，「その他」として肢体不自由と病弱が該当する（学校教育法施行規則第140条）。2016年度現在，義務教育段階の全児童生徒数に占める割合は0.98％である（**表1-3**）。

　なお，「学校教育法施行規則の一部を改正する省令（2016年12月9日公布）」により，2018年4月1日から高等学校及び中等教育学校後期課程においても実施できることとなった。また，小学校・中学校における特殊学級や通級による指導の制度を，通常の学級に在籍した上で必要な時間のみ「特別支援教室（仮称）」で指導を受けることを可能とする制度に一本化する取組が提唱され，一部の自治体が実施し始めている。

（2）　通常の学校・学級について

　特別支援教育の最大のポイントは通常の学校・学級において，知的障害のない発達障害児等の「教育的ニーズを把握し，その持てる力を高め，生活や学習上の困難を改善又は克服するため，適切な指導及び必要な支

援を行う」体制づくりである。文部科学省が行っている「特別支援教育体制整備状況調査」の項目に従えば，以下に示す1）〜8）の総合的整備が求められることになる。

1） 校内委員会

学校内に置かれた発達障害を含む障害のある幼児児童生徒の実態把握及び支援のあり方等について検討を行う委員会。校長，教頭，特別支援教育コーディネーター，教務主任，生徒指導主事，通級指導教室担当教員，特別支援学級教員，養護教諭，対象の幼児児童生徒の学級担任，学年主任，その他必要と思われる者などで構成される。

2） 実態把握

在籍する幼児児童生徒の実態の把握を行い，特別な支援を必要とする幼児児童生徒の存在や状態を確かめること。特別な支援が必要と考えられる幼児児童生徒については，特別支援教育コーディネーター等と検討を行った上で，保護者の理解を得ることができるよう慎重に説明を行い，学校や家庭で必要な支援や配慮について，保護者と連携して検討を進める必要がある。

3） 特別支援教育コーディネーター

学校内の関係者や福祉・医療等の関係機関との連絡調整及び保護者に対する学校の窓口として，校内における特別支援教育に関するコーディネーター的な役割を担う者。特別支援教育コーディネーターは，各学校における特別支援教育の推進のため，主に，校内委員会・校内研修の企画・運営，関係諸機関・学校との連絡・調整，保護者からの相談窓口などの役割を担う。

4） 個別の指導計画

幼児児童生徒一人ひとりの障害の状態等に応じたきめ細かな指導が行えるよう，学校における教育課程や指導計画，当該幼児児童生徒の個別

の教育支援計画等を踏まえて，より具体的に幼児児童生徒一人ひとりの教育的ニーズに対応して，指導目標や指導内容・方法等を盛り込んだ指導計画。

5） 個別の教育支援計画

障害のある幼児児童生徒一人ひとりのニーズを正確に把握し，教育の視点から適切に対応していくという考え方の下に，福祉，医療，労働等の関係機関との連携を図りつつ，乳幼児期から学校卒業後までの長期的な視点に立って，一貫して的確な教育的支援を行うために，障害のある幼児児童生徒一人ひとりについて作成した支援計画。

6） 巡回相談

指導上の助言・相談が受けられるよう専門的知識をもった教員・指導主事等が，幼稚園・幼保連携型認定こども園・小学校・中学校・高等学校等を巡回し，教員に対して，障害のある幼児児童生徒に対する指導内容・方法に関する指導・助言を行うこと。

7） 専門家チーム

幼稚園，幼保連携型認定こども園，小学校，中学校，高等学校等に対して発達障害等か否かの判断，望ましい教育的対応等についての専門的意見を示すことを目的として，教育委員会等に設置された，教育委員会関係者，教員，心理学の専門家，医師等の専門的知識を有する者から構成する組織。

8） 特別支援教育に関する教員研修

特別支援教育に関する研修，または特別支援教育に関する講義（講義名に明記されているもの。演習・協議等を含む）を含む教員研修のうち，特別支援教育に関する内容が概ね90分以上のもの。

図1-1は以上の各項目の年度別推移を表す，国公私立合計・項目別

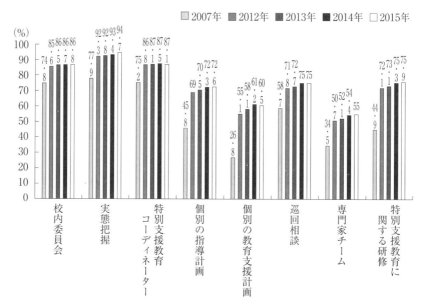

図 1-1　特別支援教育体制整備の年度別推移（文部科学省「平成28年度特別支援教育体制整備状況調査結果について」より作成）

実施率の全国集計グラフである。全体として前年度を上回っているが，個別の教育支援計画や専門家チームの体制整備がやや遅れている状況にある。

また，同調査報告の中で，公立学校に比べて私立学校の整備状況が遅れている，小学校・中学校に比べて幼稚園・高等学校の整備が遅れている，と指摘されている。

3. 特別支援教育の政策動向

表1-4は2007年の「特別支援教育の推進について（通知）19」（文科初第125号）以降に出された特別支援教育にかかわる主要な通知等であ

表1-4　特別支援教育に関する主たる通知等

No	分　類	通知等の名称	年月日
①	連携	障害者虐待の防止，障害者の養護者に対する支援等に関する法律について（通知）	2011年6月24日
②	実践・推進	特別支援学校等における医療的ケアの今後の対応について（通知）	2011年12月20日
③	連携	児童福祉法等の改正による教育と福祉の連携の一層の推進について（事務連絡）	2012年4月18日
④	実践・推進	障害のある幼児児童生徒の給食その他の摂食を伴う指導に当たっての安全確保について（通知）	2012年7月3日
⑤	連携	障害者虐待の防止，障害者の養護者に対する支援等に関する法律の施行に向けた適切な対応の徹底について（通知）	2012年7月20日
⑥	実践・推進	病気療養児に対する教育の充実について（通知）	2013年3月4日
⑦	連携	障害者の雇用を支える連携体制の構築・強化について（事務連絡）	2013年3月29日
⑧	連携	障害を理由とする差別の解消の推進に関する法律の公布について（通知）	2013年6月28日
⑨	制度	学校教育法施行令の一部改正について（通知）	2013年9月1日
⑩	実践・推進	障害のある児童生徒等に対する早期からの一貫した支援について（通知）	2013年10月4日
⑪	連携	「障害者の雇用を支える連携体制の構築・強化」の改正について（事務連絡）	2014年3月31日
⑫	連携	放課後デイサービスについて（事務連絡）	2015年4月14日
⑬	連携	文部科学省所管事業分野における障害を理由とする差別の解消の推進に関する対応指針の策定について（通知）	2015年11月26日

⑭	制度	学校教育法施行規則の一部を改正する省令等の公付について（通知）	2016年12月9日
⑮	連携	就労系障害福祉サービスにおける教育と福祉の連携の一層の推進について（事務連絡）	2017年4月25日
⑯	実践・推進	障害のある幼児児童生徒と障害のない幼児児童生徒の交流及び共同学習等の推進について（依頼）	2018年2月8日

り，「分類」欄は（1）特別支援教育の制度にかかわるもの，（2）特別支援教育の実践・推進にかかわるもの，（3）他の法制度等との連携にかかわるもの，という3つの区分を表している。以下，各々の概要を整理しておこう。

（1）　特別支援教育の制度にかかわるもの

　2013年9月1日付の「学校教育法施行令の一部改正について（通知）」（No.⑨）は「学校教育法施行令第22条の3が定める障害のある子供は特別支援学校に就学することが適当」という従来の就学手続きを変更し，保護者・専門家からの意見を十分に聴き，市町村小学校・中学校への就学を基本とした上で，特別支援学校への就学が適当であると認められた者を認定特別支援学校就学者と規定している。また，こうした趣旨を踏まえて，従来の「就学指導委員会」を「教育支援委員会」（仮称）といった名称にすることが適当であるとしている。通知文は次の通りである。

1）　就学先を決定する仕組みの改正（第5条及び第11条関係）

　市町村の教育委員会は，就学予定者のうち，認定特別支援学校就学者（視覚障害者等のうち，当該市町村の教育委員会が，その者の障害の状態，その者の教育上必要な支援の内容，地域における教育の体制の整備

の状況その他の事情を勘案して，その住所の存する都道府県の設置する特別支援学校に就学させることが適当であると認める者をいう。以下同じ。）以外の者について，その保護者に対し，翌学年の初めから2月前までに，小学校又は中学校の入学期日を通知しなければならないとすること。

2） 障害の状態等の変化を踏まえた転学（第6条の3及び第12条の2関係）

特別支援学校・小中学校間の転学について，その者の障害の状態の変化のみならず，その者の教育上必要な支援の内容，地域における教育の体制の整備の状況その他の事情の変化によっても転学の検討を開始できるよう，規定の整備を行うこと。

3） 視覚障害者等による区域外就学等（第9条，第10条，第17条及び第18条関係）

視覚障害者等である児童生徒等をその住所の存する市町村の設置する小中学校以外の小学校，中学校又は中等教育学校に就学させようとする場合等の規定を整備すること。

4） 保護者及び専門家からの意見聴取の機会の拡大（第18条の2関係）

市町村の教育委員会は，児童生徒等のうち視覚障害者等について，小学校，中学校又は特別支援学校への就学又は転学に係る通知をしようとするときは，その保護者及び教育学，医学，心理学その他の障害のある児童生徒等の就学に関する専門的知識を有する者の意見を聴くものとすること。

なお，表1-4中の⑩はこの法改正を踏まえて，その実施を推進するように指示した通知である。

一方，2016年12月9日付の「学校教育法施行規則の一部を改正する省

令等の公付について（通知）」（⑭）は小学校，中学校，義務教育学校および中等教育学校の前期課程において実施されている，いわゆる「通級による指導」を，高等学校及び中等教育学校後期課程においても実施できるようにする，というものである（施行は2018年4月1日）。その実施形態として（1）生徒が在学する学校において指導を受ける「自校通級」，（2）他の学校に週に何単位時間か定期的に通級し，指導を受ける「他校通級」，（3）通級による指導の担当教員が該当する生徒がいる学校に赴き，又は複数の学校を巡回して指導を行う「巡回指導」をあげ，「対象となる生徒の人数と指導の教育的効果との関係性，生徒や保護者にとっての心理的な抵抗感・通学の負担・学校との相談の利便性，通級による指導の担当教員と通常の授業の担任教員との連絡調整の利便性等を総合的に勘案し，各学校や地域の実態を踏まえて効果的な形態を選択すること」として，実施形態の選択における配慮事項を示している。

　また，高等学校及び中等教育学校後期課程は特別支援教育の体制整備が小学校・中学校と比べて遅れていることが指摘されている。この通知を契機に，一人ひとりの教育的ニーズに応じた適切な指導及び必要な支援が行われる体制整備が進むことが期待される。

（2）　特別支援教育の実践・推進にかかわるもの

　2011年12月20日付の「特別支援学校等における医療的ケアの今後の対応について（通知）」（②）は，介護保険法等の一部を改正する法律による社会福祉士及び介護福祉士法の一部改正に伴い，2012年4月より一定の研修を受けた介護職員等は一定の条件の下に痰の吸引等の医療的ケアができるようになること（認定特定行為業務従事者）を受け，特別支援学校において認定特定行為業務従事者となる者が想定されることから，こうした医療的ケアを必要とする児童生徒等の健康と安全を確保するに

あたり留意すべき点等を定めたものである。なお，ここでいう「特定行為（実施できる行為）」とは自力で痰の排出が難しい者に対する吸引（口腔内の喀痰吸引・鼻腔内の喀痰吸引・気管カニューレ内部の喀痰吸引），食事を口から摂取することが難しい者に対する，チューブ等による栄養（食物）提供（胃ろう又は腸ろうによる経管栄養，経鼻経管栄養）を指している。

2012年7月3日付の「障害のある幼児児童生徒の給食その他の摂食を伴う指導に当たっての安全確保について（通知)」（④）は誤嚥事故を契機とした注意喚起である。

2013年3月4日付の「病気療養児に対する教育の充実について（通知)」（⑥）は小児がん拠点病院に入院する病気療養児の入院手続きの簡略化，交流・共同教育の推進，編入・転入学の円滑化，感染等により通学が困難な病気療養児に対する教育環境の整備，訪問教育やICT活用等による適切な指導方法の工夫，関係機関との連携などの充実を定めたものである。

いずれも医療的ケア児をはじめとする幼児児童生徒の安全・安心確保に関するものである。なお，医学の急速な進歩を背景としてNICU（新生児集中治療室）等に長期入院した後，引き続き人工呼吸器や胃ろう等を使用し，痰の吸引や経管栄養などの医療的ケアが日常的に必要な障害児の中には歩行が可能で，知的障害のない子どもも見られるようになってきている。今後，適当な就学先の確保にかかわって，特別支援学校のみならず，地域の小学校・中学校における医療的ケアの環境整備も問われるようになることが予想される。

2018年2月8日付の「障害のある幼児児童生徒と障害のない幼児児童生徒の交流及び共同学習等の推進について（依頼)」（⑯）は「学校における交流及び共同学習を通じた障害者理解（心のバリアフリー）の推進

事業（文部科学省）」を実施している学校等，交流及び共同学習に関する先進的な学校の取組の普及や教職員の研修，障害のある人との交流の推進のための関連団体等との連携促進等を各都道府県教育委員会指導事務主管部課長等あてに依頼したものである。

　ここでいう「学校における交流及び共同学習を通じた障害者理解（心のバリアフリー）の推進事業」とは障害者の権利に関する条約（2014年1月批准）や改正された障害者基本法（2011年8月5日公布・施行）の規定等を踏まえ，2020年オリンピック・パラリンピック東京大会の開催を契機として，障害のある子どもと障害のない子どもが一緒に障害者スポーツ（夏季・冬季パラリンピックの種目など）を行う，障害者アスリートの体験談を聞くなどの障害者スポーツを通した交流及び共同学習を実施することを主たる内容としたものである。

（3）　他の法制度等との連携にかかわるもの

　表1-4中の①と⑤は「障害者虐待の防止，障害者の養護者に対する支援等に関する法律」（平成23年法律第79号，平成24年10月1月施行）の周知と指導の徹底を，⑧と⑬は「障害を理由とする差別の解消の推進に関する法律（平成25年法律第65号，平成28年4月1日施行）の周知と指導の徹底を図るものである。

　一方，就労支援にかかわるものは⑦，⑪，⑮が相当する。

　2013年3月29日付の「障害者の雇用を支える連携体制の構築・強化について（事務連絡）」（⑦），及び2014年3月31日付の「「障害者の雇用を支える連携体制の構築・強化」の改正について（事務連絡）」（⑪）は，いずれも都道府県労働局や公共職業安定所等において特別支援学校等との連携を一層強化するよう出された厚生労働省の通達の周知と連携体制の構築を指示したものである。また，2017年4月25日付の「就労系障害

福祉サービスにおける教育と福祉の連携の一層の推進について（事務連絡）」（⑮）は特別支援学校等卒業後すぐに就労継続支援B型の利用を希望する場合（他の進路に就労継続支援B型も含めて検討している場合を含む），特別支援学校等在学中に就労アセスメントを受けた上で，最も適した進路に円滑に移行できるようにする，というものである。「就労継続支援B型」とは通常の事業所（企業等）に雇用されることが困難な，原則として就労経験のある障害者に対し，生産活動などの機会の提供，知識及び能力の向上のために必要な訓練などを行う障害福祉サービスの一つである。

　2012年4月18日付の「児童福祉法等の改正による教育と福祉の連携の一層の推進について（事務連絡）」（③）は同年4月1日の改正児童福祉法の施行に伴い，(1)障害児相談支援との連携，(2)発達障害児を含む障害児の定義変更，(3)放課後等デイサービスとの連携，(4)保育所等訪問支援との協働，(5)個別支援計画と個別の教育支援計画の整合性に関する連絡をその内容とし，2015年4月14日付の「放課後デイサービスについて（事務連絡）」（⑫）は厚生労働省から出された「放課後等デイサービスガイドライン」に対する協力依頼の周知・徹底を謳っている。

4. 特別支援教育と特別ニーズ教育

　数多くある論点の中でも，本章では特殊教育が「Special Education」，特別支援教育が「Special Needs Education」と英語表記される背景にある，特別支援教育の基本的枠組みをめぐる論点を取り上げておきたい。

　1994年6月7日から10日にかけ，スペインのサラマンカで行われた「特別なニーズ教育に関する世界会議」で「サラマンカ声明」が採択された。その宣言の冒頭は次の通りである。

われわれは以下を信じ，かつ宣言する。

1．すべての子どもは誰であれ，教育を受ける基本的権利をもち，また，受容できる学習レベルに到達し，かつ維持する機会が与えられなければならず，

2．すべての子どもは，ユニークな特性，関心，能力及び学習のニーズをもっており，

3．教育システムはきわめて多様なこうした特性やニーズを考慮に入れて計画・立案され，教育計画が実施されなければならず，

4．特別な教育的ニーズをもつ子どもたちは，彼らのニーズに合致できる児童中心の教育学の枠内で調整する，通常の学校にアクセスしなければならず，

5．このインクルーシブ志向をもつ通常の学校こそ，差別的態度と戦い，すべての人を喜んで受け入れる地域社会をつくり上げ，インクルーシブ社会を築き上げ，万人のための教育を達成する最も効果的な手段であり，さらにそれらは，大多数の子どもたちに効果的な教育を提供し，全教育システムの効率を高め，ついには費用対効果の高いものとする。

　「特別ニーズ教育」とは多様で特別な教育的ニーズ，すなわちその国の，現在の学校が活用できる「ひと・もの・こと」では充足できない困難さをもつ子どもに，必要十分な「ひと・もの・こと」を用意し，「子どもの最善の利益」を目指す教育の理論・制度・実践の総体を指す。この宣言との関連でいえば，①特別支援教育の対象は発達障害を含めるものの，あくまで「障害」児であり，通常の学級に在籍する障害以外の要因によって困難な状態に置かれている幼児児童生徒は対象となっていない点をどう考えるか，②わが国の特別支援学校等の在籍者数が増加していることを踏まえた場合，「インクルーシブ志向をもつ通常の学校」と，

地域の小学校・中学校への就学を前提としながらも，特別支援学校・特別支援学級・通級による指導という異なる種別の学校・学級等を用意している特別支援教育の整合性をどう考えるか，という論点を設定することができる。今後，2012年7月23日付で中央教育審議会初等中等教育分科会が出した「共生社会の形成に向けたインクルーシブ教育システム構築のための特別支援教育の推進（報告）」などを踏まえながら，積極的な議論を進めていく必要がある。

参考文献

玉村公二彦・清水貞夫・黒田学・向井啓二編（2015）『キーワードブック特別支援教育―インクルーシブ教育時代の障害児教育』クリエイツかもがわ

東京学芸大学特別支援科学講座編（2007）『インクルージョン時代の障害理解と生涯発達支援』日本文化科学社

日本特別ニーズ教育学会編（2004）『特別支援教育の争点』文理閣

日本特別ニーズ教育学会『SNE ジャーナル』（1996年以降，毎年1巻ずつ発行）

2 | 視覚障害と教育

星　祐子

《目標＆ポイント》　視機能障害，主な眼疾患と配慮事項について概説し，視覚に障害のある子どもたちの教育について，盲，弱視それぞれの障害に応じた指導上の配慮事項及び指導方法について学習する。子どもの実態と課題に応じた指導や支援について，触察，点字，歩行，レンズの活用等具体的に解説する。

《キーワード》　盲，弱視，特別支援学校（盲学校），盲児用教材教具，弱視用教材教具

1. 視覚障害とは

　視覚障害とは，視力・視野・光覚・色覚などの視機能が低下し，その回復が見込めない状態をいう。

　視覚障害教育の分野においては，主に視覚以外の触覚や聴覚などの感覚を用いて学習や生活を行う児童生徒を全盲，眼鏡やコンタクトレンズを使用しても物を鮮明な像としてとらえきれず，矯正しても視力が0.3未満で，視覚を活用した学習や生活が可能な児童生徒を弱視（Low Vision：ロービジョン）と呼んでいる。なお，視覚障害の生じた時期により，先天盲とか中途失明などの用語を用いることもある。

　視覚障害のうち，教育的な観点から最も問題になるのが視力障害であるが，視力以外の各種視機能の障害をあわせ有している場合が多いので，視覚障害を理解するためには，視機能全般に関する理解が必要となる。

(1) 視機能障害について
1) 視力障害

　視力とは，ものの形を見分ける力のことである。正確には2点の間隔や2線の切れ目を弁別する能力である。視力の測定には，通常ランドルト環（図2-1）などの視標を用いる。視力には，視標までを5mの距離で測定する遠方視力と，30cmの距離で測定する近見視力がある。5m先にある直径7.5mm，線の太さ1.5mmの視標の中の1.5mmの切れ目を弁別できる視力は1.0である。近見視力は，書写などの学習に必要な視力が把握できるものである。また，教科書などの対象物に目を近づけた場合，見分けることのできる最も小さな指標を「最小可読指標」という。なお，近視や乱視などの場合には，矯正しない裸眼視力と眼鏡やコンタクトレンズなどを使用した矯正視力があるが，矯正してもなお視力が低く特別の配慮を要する状態が視力障害である。

　ロービジョンの児童・生徒のうち，教育的に深刻な程度となるのは視力が0.1程度を下回っている状態である。0.1以下の視力は，ランドルト環の0.1の視標（直径75mm，線の太さ15mm，切れ目の幅15mm）をどのくらいの視距離で見えるかで判断する。表2-1に，その視距離と視力を示す。

図2-1　ランドルト環

表2-1　ランドルト環を用いた視距離と視力の関係

視距離（M）	視　力
5	0.1
4	0.08
3	0.06
2	0.04
1	0.02

　このランドルト環等を使って検査する方法が一般的だが，それ以外に
も，縞視標を使って検査する Teller Acuity Cards（テラー・アキュイ
ティ・カード）や Grating Cards（グレーティングカード）などの視力
検査がある。

　また，知的障害等のために，こうした視力検査でも難しい場合には，
日常生活でなじみのある物を使い，見え方を観察する。普段の子どもの
表情や行動を十分に把握しておき，光の点滅に反応するのか，はっきり
した色の玩具等を見ているかどうか，目で追いかけるか，どれくらいの
距離でどれくらいの大きさがわかるのか，などを観察する。

2）　視野障害

　視野とは，眼前の1点を注視した状態（眼球を固定した状態）で見え
る範囲のことである。通常片眼の視野は，上側と鼻側が約60度，下側約
70度，耳側が約100度である。視野障害には，中心部の狭い範囲しか見
えない求心性の視野狭窄や，真ん中が見えない中心暗点などの症状があ
る。

　視野が各方向10度以内になると，視力があっても行動が制限され，5
度以内になると，目を使っての行動が極めて困難になるといわれている。

視野 5 度では，見る対象物から60cm 離れても，直径 5 cm の範囲しか
見ることができない。

3) 光覚障害

　光覚障害は，眼球に入る光量を調節する機能の低下や網膜がもつ細胞
などの異常によって生じるものである。明るいところで過度にまぶしさ
を感じたり，俗にいう鳥目のように暗いところで見えにくくなったり，
明暗順応に時間がかかるなどの症状がある。

4) 色覚異常

　色覚とは，色を識別する能力である。色盲や色弱などと称される色覚
異常に関しては，その出現率が日本人男性の約 5 ％（推定300万人）で
あるにもかかわらず，生活上の支障が少ないとの判断から，この障害だ
けがある場合には視覚障害者として認定されない。

（2） 主な眼疾患と配慮事項について

　視覚障害の原因となる眼疾患には様々なものがある。児童生徒に多い
主な眼疾患の概要と配慮事項は以下の通りである。

眼疾患名	眼疾患の概要	主な配慮事項
未熟児網膜症	発達途上の網膜血管の増殖によるもので，強度近視や緑内障，医学的弱視，斜視，網膜剥離が続発症状として生じることがある。視力は正常から全盲まで様々である。	・屈折異常の矯正 ・網膜剥離予防（打撲や衝撃を避ける）
白内障	水晶体の混濁によっておこる。混濁が強い場合は，水晶体の摘出手術が行われる。	・コントラスト低下への配慮 ・まぶしさへの配慮（照明の工夫，白黒反転の活用など）

視神経萎縮	視神経組織の消失及び機能不全の状態で，様々な程度の視力・視野障害をおこす。	・視野欠損への配慮
網膜色素変性症	網膜上の視細胞の変性による進行性の疾患。暗順応障害，視野狭窄を伴う。	・暗所での行動への配慮 ・視野狭窄への配慮 ・まぶしさへの配慮 ・心理的ケア
小眼球・虹彩欠損	眼球の発達が阻害され，眼球の縮小や眼球各部位の部分的な欠損を伴う。虹彩欠損では，羞明と視野上方の欠損を伴うことが多い。	・屈折異常の矯正 ・上方視野欠損への配慮 ・まぶしさへの配慮 ・網膜剥離予防（打撲や衝撃を避ける）
緑内障	眼圧の上昇により視神経に障害をきたす疾患である。	・網膜剥離や眼球破裂予防（打撲や衝撃を避ける） ・眼圧上昇の予防（長時間のうつむき姿勢の回避）
黄斑部変性	網膜の黄斑部に変性をきたす疾患。視力低下，中心暗点を伴う。	・中心暗点への配慮 ・まぶしさへの配慮
眼振	器質的な眼の障害を伴わないもの（先天性・特発性）と感覚障害性及び視力不良性を伴うものがある。多くの場合，水平性の往復運動の振とうである。	・視力低下への対応 ・まぶしさへの配慮
白子症	先天性のメラニン形成異常に基づく疾患である。全身性の眼・皮膚白子症と眼に症状が限局される眼白子症がある。	・強い羞明に配慮しての遮光眼鏡の装用などまぶしさへの対応 ・ピンぼけ状態への対応 ・視野欠損への配慮
皮質性視覚障害	視覚中枢の損傷が原因で視覚障害が生じた状態である。	・提示物の配慮（形の単純化，大きさ，はっきりしたコントラストなど）

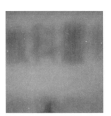

通常の見え方　　　　　白内障　　　　　　屈折異常

視野狭窄　　　　　　中心暗点

図2-2　ロービジョンの様々な見え方（例）

(3) 視覚障害の等級について

視覚障害の等級は，身体障害者福祉法において，以下の1級から6級に区分され，身体障害者手帳が交付される。

1級：両眼の視力（万国式試視力表によって測ったものをいい，屈折異常のある者については，矯正視力について測ったものをいう。以下同じ）の和が0.01以下のもの。

2級：① 両眼の視力の和が0.02以上0.04以下のもの
　　　② 両眼の視野がそれぞれ10度以内でかつ両眼による視野について視能率による損失率が95％以上のもの

3級：① 両眼の視力の和が0.05以上0.08以下のもの
　　　② 両眼の視野がそれぞれ10度以内でかつ両眼による視野について視能率による損失率が90％以上のもの

4級：① 両眼の視力の和が0.09以上0.12以下のもの

②　両眼の視野がそれぞれ10度以内のもの

5 級：①　両眼の視力の和が0.13以上0.2以下のもの

②　両眼による視野の 2 分の 1 以上が欠けているもの

6 級：一眼の視力が0.02以下，他眼の視力が0.6以下のもので両眼の視力の和が0.2を超えるもの

身体障害者手帳をもっていると，各種の福祉サービスを受けることができる。たとえば，白杖，弱視眼鏡，遮光眼鏡，拡大読書器などの視覚障害者用補装具や日常生活用具の給付・貸与，交通機関の融合措置などのサービスである。

2. 視覚に障害のある子どもたちの教育

（1）視覚特別支援学校の現状

視覚に障害のある子どもたちは，視覚特別支援学校（盲学校，視覚支援学校等の名称を使用している学校もある。以下，視覚特別支援学校とする），小学校や中学校の弱視学級，通常の学級などで学んでいる。通常の学級で学んでいる子どもたちの中には，通級による指導を受けている子どもたちもいる。多くの視覚特別支援学校には，幼稚部があり，早期からの教育相談や支援を行っている。また，多くの高等部には，鍼灸あん摩マッサージといった職業課程が設置されている。

全国盲学校長会の調査によれば，2017年度における全国の視覚特別支援学校の数は，67校（そのうち盲・聾併置校は 2 校，総合種校は 5 校），在籍する幼児児童生徒数は2,793名である（**表 2 - 2**）。67校のうち，在籍幼児児童生徒数が30名以下の学校は24校（総合種校の視覚部門を含む）と全視覚特別支援学校の 3 分の 1 以上を占めている。義務教育段階で見ると，小学部児童数及び中学部生徒数が，それぞれ 5 名以下の学校は15校あり，小学部児童数が 5 名以下の学校は23校にのぼっている。かなり

表2-2 視覚特別支援学校の幼児児童生徒在籍状況（全国盲学校長会編「視覚障害教育の現状と課題―平成28年度年報―第56巻」（平成29年6月発行）より作成）

学部	在籍幼児児童生徒数	普通学級数	重複学級数
幼稚部	196		
小学部	574	155	129
中学部	514	129	98
高等部普通科	551	122	100
高等部本科（保健理療科，音楽科，生活技能科）	113		
高等部専攻科（理療科，理学療法科等）	845		
合計	2,793		

　の学校において，同年齢集団はおろか，学部においても集団がつくれないような状況が生まれてきている。10年前の2007年度における在籍幼児児童生徒数は3,588名であり，年々減少しながら，現在に至っていることを見れば，今後も減少傾向が続くことはあっても大きく増加することはないと予測できる。

　また，重複学級に在籍している児童生徒の割合は，小学部49.3％，中学部43.8％，高等部38.8％となっている。

　これらの数字から視覚特別支援学校の「少人数化」と「多様な重複児童生徒への対応」という現状と課題が見えてくる。

（2） 視覚障害による困難点と配慮事項

　各種感覚受容器からの情報入手は，視覚が80％以上を占めるといわれている。その入り口である視覚に障害がある場合には，生活や学習に

様々な困難が生じる。子どもたちの意欲の原動力であり、内発的な動機付けを支えている外界への知的好奇心と能動的な探索的活動を育てるために、視覚に障害がある子どもたち一人ひとりの特性を理解し、必要な配慮を行うことが大切である。

一人ひとりの見え方の様子は異なっているが、見えないから、見えにくいからできない、わからないではなく、どういった工夫や配慮をすることで学校生活がスムーズに送れるのか、物事の理解が進んでいくのかといった視点で考えていくことが大切である。

視覚に障害のある子どもたちは、ことばは聴いたことがあっても実際には触ったことがない、見たことがない、体験したことがないといったことがありがちである。意図的・系統的な体験を用意し、体験に基づくイメージ形成、言語化により概念形成を図っていくことが大切である。すべてのことを経験することは到底できないが、学習や生活をしていく上で、年齢に応じた系統的な「核となる経験」を丁寧にさせることで、限られた体験の汎用性を高めることができる。核となる、押さえておくべき基本事項の理解とは何か、学習内容の根本を見抜くことが求められている。

また、活動においては、部分を経験するだけではなく、最初から最後まですべての工程を経験することが大切である。たとえば、調理のときには、ある1つの作業のみを行うのではなく、最初から最後まですべての過程を経験することで、その調理を理解していくように場を設定することが大切である。

また、大きすぎる物、たとえば建造物などについては、ある一部分しか見ていない、触っていないために全体像をとらえることができないこともしばしばおこりがちである。視覚的・触覚的に把握できる大きさにして全体像を提示する工夫や模型を活用するなどの配慮が必要である。

また，全体と部分の関係についての提示も必要となってくる。

　以下に，全盲児と弱視児それぞれの代表的な困難点と配慮事項をあげる。

1）　困難点と配慮事項

a　全盲児における困難点

・周囲の状況や環境の把握に難しさがある。

・模倣ができないので，「見て体得する」ことは不可能である。

・全般的に，経験や情報が不足しがちになり，当然知っているであろう知識が抜け落ちてしまうことがある。

・聴覚や触覚等の情報だけでは，全体把握が不十分な面がある。

・抽象的な事象や触れられないものの理解（概念形成）に難しさをもっている。

・歩行や運動に制限を受ける。

b　全盲児への配慮事項

（a）　環境・状況把握

　周囲の状況や環境，周りの人の状況について説明し，置かれている環境や状況が把握できるようにする。その際，簡潔でわかりやすいことばを用いる。「ここ」「そこ」などの指示語は使わないようにし，可能な限り，具体的にわかりやすいイメージしやすいことばで話すようにする。たとえば，「ここに花瓶があります」ではなく，「教室の後ろにあるロッカーの上，廊下側の端に花瓶があります」といったような説明を心がける。

　視覚情報は，聴覚情報や触覚情報に置き換えて提示する。模型などの触覚教材を提示しながら，ことばと具体的な事物・事象とを繋げていくことや認識を育てていくことが大切である。また，聴覚情報は，単に言語による情報というだけではなく，自分の周りの空間を認知したり，環

境を把握したりする手がかりとなり，移動や歩行にも影響を与える。

（b）　身体の動き

身体の動きなどについては，実際に手を取って教えたり，教師の動作を触らせたりして理解させることが有効である。その際，必ずことばによる説明も添え，動作とことばの一致を図るようにする。

（c）　環境整備

安心して行動できる安全な環境整備に配慮する。教室間の移動などは何回か繰り返す中で，習得していくように働きかける。また，通常，何もない場所に物を置いたり，物を移動したりすることは極力避け，どうしても移動等が必要な場合には，事前に情報を提供し，場所の確認をした上で，安全に移動できるように配慮することが必要である。

（d）　教材教具の活用

表 2 - 3，**図 2 - 3 ～ 2 - 6** のような盲児用の便利な教材教具機器もあるので，適宜活用するようにする。

表 2 - 3　盲児用教材教具の一例

点字関係	点字盤，点字定規，点字タイプライター
凸図関係	レーズライター（書いた部分が浮き上がる），立体コピー（黒い部分が盛り上がる），サーモフォーム（プラスチックシートを真空生計により凸図化），さわる絵本，触地図，盲人用地球儀
計算用具	盲人用算盤
作図・計測用具	盲人用作図セット，ものさし，メジャー，台ばかり
情報機器	日本語点字ワープロソフト，墨字・点字変換ソフト，点字ワープロ編集ソフト，ピンディスプレイ，音声合成装置ソフト，点字プリンタ
視覚代行	感光器（光を音情報に変換する装置）

図2-3　点字タイプライター

図2-4　レーズライター

図2-5　サーモフォームで作成した地図

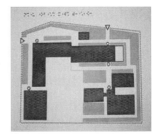
図2-6　立体コピーで作成した地図

【点字について】
　点字は，通常の文字（視覚特別支援学校では「墨字（すみじ）」と呼ぶ）を視覚的にとらえることが難しい人のための文字で，「目の見えない人にとって，最も読みやすい文字とは？」ということから考案された，指で触れて読む「触読文字」である。点字の基本は，縦2列に並んだ6つの点の組合せで，これを「1マス」と呼び，左上から順に，①の点，②の点，③の点，④の点，⑤の点，⑥の点といい，この点の組合せで，50音を表す。母音は，①②④の点，子音は，③⑤⑥の点で表し，50音のほかに，濁音，半濁音，促音，拗音，数字，アルファベット，算数・理科記号などもある（図2-7参照）。
　点字を習得するには，点の位置関係と弁別の力，触察の力などが求められるが，幼児期からいろいろな物に触る，触って違いを確かめる，手指をたくさん使って物を操作したり，探したりするといった日常生活や

第2章 視覚障害と教育 | 37

点字の1マス

①④
②⑤
③⑥

母音 ← ↙ → 子音

	ア列	イ列	ウ列	エ列	オ列	
	ア	イ	ウ	エ	オ	ア行
	カ	キ	ク	ケ	コ	カ行
	サ	シ	ス	セ	ソ	サ行
	タ	チ	ツ	テ	ト	タ行
	ナ	ニ	ヌ	ネ	ノ	ナ行
	ハ	ヒ	フ	ヘ	ホ	ハ行
	マ	ミ	ム	メ	モ	マ行
	ヤ		ユ		ヨ	ヤ行
	ラ	リ	ル	レ	ロ	ラ行
	ワ				ヲ	ワ行
	ン					

●点字を読んでみましょう。

図2-7　点字の1マスと点字50音の一覧

遊びの積み重ねが，点字の学習に繋がっていく。点字がスムーズに読めるようになると，目の見える人が通常の文字を読む速度と変わらないスピードで読み進めることができるようになる。

c　弱視児における困難点

・絶対的に視経験が不足する。

・境界や立体感を含めた事物の細部の把握が難しい。

・目と手の協応動作が苦手で，手指の動きにぎこちなさが見られる。

・似通った文字や漢字の読み書きが不正確になりがちである。

・道具を使用した作業が遅くなりがちである。

　また，通常の学級等には，見え方に何らかの問題を有しているにもかかわらず，見過ごされてしまっている子どもたちも少なくないと指摘されている。その原因としては，多少見えにくい状態でも，行動等に大きな支障がないため，周囲が気づかずに，問題視していないケース，子ども自身が自分の見えにくさを説明することが難しい，あるいは，見えにくいことが当たり前の状態になっているため，自分が見えにくいことに気づいていないケースなどがある。

　こうした子どもたちの見えにくさに，周囲の大人が気づくことが必要である。以下のような観点でチェックすることが可能である。

・教科書やプリントを見るときに，顔を極端に近づけている，あるいは顔を傾けている。

・物を見るときに，目を細めて見る。

・遠くのものや小さなものには，あまり興味を示さない，見ようとしない。

・教科書やプリントを読むときに行をとばして読んだり，行が捜せないことがよくある。

・文字を書くときに，線が重なってしまうことがよくある。

・消しゴムで間違った箇所を消すのに，苦労している。

・ボールを追いかけたり，受け取ったりすることが苦手である。

・物を捜すのに時間がかかったり，見失ったりする。

・歩いているときに，人や物にぶつかったり，つまづいたりしやすい。

・階段や段差などで動きが慎重になる。

・外に出ると極端にまぶしがる。

・薄暗い場所では動きが慎重になったり，歩きにくそうになる。

　こうしたチェックで気になる子どもがいた場合には，実態を正確に把握し，子どもにとって，見やすい条件を整えること，必要な配慮をすることが大切である。

d　弱視児への配慮事項

（a）　実態の把握と見やすい条件整備

　眼疾患，遠方視力，近見視力，最小可読指標，視野，色覚，羞明・夜盲の有無などの基本的な情報を把握した上で見やすい文字サイズやフォントを選択し，提示することが必要である。見る意欲に乏しい子どもたちや見る技能が十分に発達していない子どもたちには拡大は有効で，読むことに対する苦手意識をもたせないためにも読みやすくとらえやすい文字サイズでの提示は必要である。コピー機で拡大したり，パソコンや手書きで拡大したりというように対象そのものを拡大する方法や近用弱視レンズや拡大読書器等の補助具を活用して拡大する方法がある。また，白地に黒文字が一般的ではあるが，黒地に白抜きの文字の方が読みやすい子どもたちもいる。拡大教科書（小学校用で22〜30ポイント，中学校用で18〜26ポイント程度）の活用も考えられる。反対に，視力に大きな問題がなく，視野狭窄がある場合等には，物の全体像が視野の中に入るように，場合によっては，文字サイズを縮小する必要がある。

単純化とノイズの除去も大切な配慮事項である。1つの紙面にたくさんの情報が入り乱れて書き込まれているようなものを見て，必要な情報を得ることは難しい。たとえば，地図は，地形，道路，都市，鉄道など非常に複雑で多岐にわたる情報が1枚の紙面に書き込まれている。この中から，必要な情報を選択して見ることは弱視児にとって難しいことの一つである。こうした煩雑なものを見やすい情報として提示するためには，地図に書き込む情報を必要最小限に限定したり，複雑なものを単純化したりして提示することが必要である。また，ぬり絵なども背景の絵を消したり，絵柄を単純化したりして，とらえやすくすることが大切である。音読の際，次の行がとらえにくいときには，次の行以降を白い紙などで覆ってしまうことで行をとばして読むこと，同じ行を読み進めてしまうといったことがなくなる。

　はっきりしたコントラストも配慮事項の一つである。子どもたちに見せる対象物と地のコントラストをはっきりとさせ，見やすくすることが大切である。白地に黒い文字，反対に黒地に白ぬき文字といった具合で，マス目についても，線のはっきりしたものを使うことがわかりやすさ，書きやすさにつながってくる。色彩についても，同系色を隣り合わせにしない，色と色の境界線がわかりにくい場合は輪郭線を入れるといった配慮が必要である。

　（ｂ）　環境整備

　見えにくさを改善するための配慮として，座席の位置，板書時の文字の大きさ等も確認する必要がある。板書するチョークの色は，緑色や青色よりもコントラストが明確な白や黄色，絵本などもコントラストがはっきりとした，しかも単純な絵のほうがとらえやすい。また，ドアと壁の色が同系色である場合は，ドアの入り口に高コントラスト色のテープを貼って壁との区別をする，階段の段差がわかりにくいときには，段の

縁にコントラストのはっきりしたテープをつけるといった工夫が必要である。異なった色や触覚の違いで教室内のコーナーを識別する，ランチョンマット等の色によって活動内容を提示するといったように色彩を意識して活用することも考えられる。

　また，一般的には，照度を上げていくことで1,000ルクス付近までは見やすさが向上するといわれているので，見えにくい子どもの照度を考える場合，1,000ルクス程度の照度を確保するような配慮が必要であり，光量不足の場合には，スタンドを導入することも必要となる。また，眼疾によっては明るすぎると眩しくて見えにくくなる場合もあるので，眼疾等の状態に応じて，窓際は避ける，遮光レンズを使用するなど調整や配慮が必要である。

（ｃ）　教材教具の活用

　弱視児は，見えにくさから机に顔を近づけて読んだり書いたりすることも多いが，首の疲れや眼圧の上昇を招く恐れもある。そこで，書見台や斜面台付き机などを使用して学習することで，身体にあまり負担をかけずに読み書きを進めることができる。また，ノート，筆記具，定規・三角定規・分度器・コンパスなどの文房具についても，「できるだけ見やすく使いやすいもの」「シンプルでノイズが除かれているもの」が使いやすいといえる。たとえば，コントラストがはっきりしていて単純化していることで見やすくなっている市販の定規の裏に滑り止めをつけることで，計測時に定規が動いてしまうといった心配がなくなるなど，子どもたちにとっての使い勝手を考えることも大切である。

　視覚補助具は，視覚を補助するための器具である。以下，場面に応じて使い分けている（**表 2 - 4 ，図 2 - 8 ～ 2 -13**）。

表2-4　弱視児用教材教具の一例

拡大鏡（近用弱視レンズ）	主に，教科書やプリント，ノートなどを見るとき，文字を書くときなど，手元を見るときに使用する。
単眼鏡（遠用弱視レンズ）	黒板など離れた所を見るときに使用する望遠鏡タイプである。
拡大読書器	対象物をモニター画面に映し出す据え置き型と携帯型があるが，据え置き型が一般的である。簡単な操作で，自分の見やすい大きさに文字等を拡大して読むことができ，画面をカラー，モノクロ，白黒反転にすることも可能である。白黒反転機能は，眩しがる子どもたちには有効である。
タブレット型多機能端末	カメラやビデオカメラで撮影した写真や映像などをタブレット型多機能端末のアプリを利用して，手元で見やすい大きさに拡大して見ることができる。また，白黒反転画面にしてみること，アームやスタンドの活用など，子どもの状態や授業の状況などに応じて検討したい。

図2-8　拡大教科書と通常の教科書

第2章 視覚障害と教育 | 43

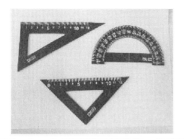

図2-9　白黒反転三角定規・分度器

図2-10　書見台

図2-11　拡大読書器

図2-12　ルーペ

図2-13　単眼鏡

参考文献

所敬監修，吉田晃敏・谷原秀信編（2018）『現代の眼医学（改訂第13版）』金原出版
全国盲学校長会編（2017）『視覚障害教育の現状と課題―平成28年度年報―』56
久保山茂樹・星祐子監修（2017）『視覚障害のある友だち　知ろう！学ぼう！障害のことシリーズ』金の星社
香川邦生編著（2016）『視覚障害教育に携わる方のために（五訂版）』慶應義塾大学出版会
青柳まゆみ・鳥山由子（2015）『視覚障害教育入門（改訂版）』ジアース教育新社
氏間和仁編著（2013）『見えにくい子どもへのサポートQ＆A』読書工房
柿澤敏文（2006）「視覚障害とは」（筑波大学特別支援教育研究センター・前川久男編『特別支援教育における障害の理解』教育出版, pp.43-47）
佐島毅・小林秀之（2006）「視覚障害と発達」（筑波大学特別支援教育研究センター・前川久男編『特別支援教育における障害の理解』教育出版, pp.47-56）

3 | 聴覚障害と教育

澤　隆史

《目標&ポイント》　本章では，聴覚障害とは何か，またその教育のしくみ・方法・実践的課題について理解を図ることを目標とする。その際，とりわけ聴覚障害幼児児童生徒の発達上の課題について，主に言語・コミュニケーションと対人関係・社会性の観点から解説する。

《キーワード》　特別支援学校（聴覚障害），特別支援学級，通級指導教室，コミュニケーション，社会性

1. 聴覚障害とは

（1）　聴覚障害の分類

　聴覚障害を教育的観点から見ると，「何らかの原因によって聴覚器官の損傷や障害が生じ聞こえにくくなり，それによって日常生活を送る際に支障や困難が生じていると本人や保護者が認識している状態」（林，2003）ととらえることができる。聞こえにくいことで生じる支障や困難は子どもによって様々であるが，特に個体要因として考慮すべきこととして，聞こえの障害の程度，障害の種類，聞こえを失った時期（失聴時期）の3つがある。

　聞こえの障害の程度は，種々の聴力検査によって測定される。最も一般的な検査である標準純音聴力検査では，通常，周波数の異なる何種類かの音（純音）を聞かせ，各周波数で聞きとれる最小音（聴力レベル）を測定し，"オージオグラム"に記録する（図3-1）。また500Hz，

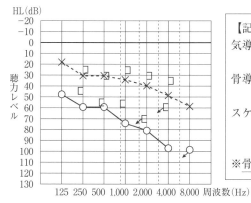

図3-1　オージオグラムの記載例

表3-1　聴覚障害の程度と分類（中村，2015より抜粋改）

難聴の程度	分類基準（注1）	聞こえの状況	障害等級（注2）
軽度難聴	30〜39dBHL	対面の会話，大きめの会話は可能。小さな声，ささやき声，騒音下，集団内の聞き誤り，聞き逃しがある。	該当なし
中等度難聴	40〜69dBHL	近くでの大きめの会話は可能，聞き誤りが増える。気づかれずにいると，言語習得が遅滞する。	該当なし
高度難聴	70〜89dBHL	耳元での大きめの声は聞こえる。読話が必要になる。未措置では音声言語習得困難。	70dB〜6級 80dB〜4級
重度難聴	90〜99dBHL	補聴器装用により音や声は聞こえるが，音声言語の認識や習得には読話などの視覚情報がかなり必要。	90dB〜3級
最重度難聴（聾）	100dBHL以上	耳元での大きめの声が聞こえない。自分の声が聞こえない。	100dB〜2級

（注1）　分類の基準値は定まったものではない。
（注2）　等級の詳細については，「身体障害者福祉法施行規則　別表第5号」（身体障害者障害程度等級表）を参照。

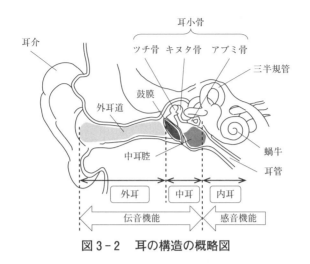

図3-2　耳の構造の概略図

1,000Hz, 2,000Hz の聴力レベルから算出する平均聴力レベルによって，障害の程度は**表3-1**のように分類できる。聴覚障害は，聴覚器官（**図3-2**）の損傷部位によって伝音難聴と感音難聴の2種類に大別され，さらに両方をあわせ有する場合を混合性難聴と呼ぶ。伝音難聴は，外耳，鼓膜，中耳等の損傷によって音が伝わりにくくなる症状である。一方，感音難聴は内耳もしくは神経機構の損傷によって生じ，音を感じること自体が難しくなる症状である。感音難聴は伝音難聴と比較して障害の程度が重い場合が多く，大きな音に過敏に反応する補充現象（リクルートメント現象）や音が歪んで聞こえるといった症状のため，補聴器の調整が難しく聞こえの個人差も大きい。また失聴時期は発達の様々な面に関与し，特に生来性あるいは乳幼児期に失聴した場合，音声言語獲得への影響は極めて大きくなる。近年では，新生児聴覚スクリーニングの普及によって，生後まもなく発見される例が増えているが，スクリーニングを受検しない例や感染等によって後天的に失聴する例も少なくない。障

第3章　聴覚障害と教育　｜　**47**

害をより早期かつ確実に発見・診断する体制づくりが今後も求められる（中澤，2014）。

（2）　聴覚障害児の発達課題

　聴覚障害児の発達上の課題は，大別すると言語・コミュニケーション・学習に関する困難と，行動・対人関係・社会性に関する困難の2つに集約できる。近年，補聴器の進歩や人工内耳の施術によって聴覚活用や発音の力を高め，音声を主たるコミュニケーション方法として用いる子どもも増えてきている。一方で，聴覚障害者を主たる対象とする特別支援学校（以下，聾学校）では乳幼児期から手話を積極的に活用しており，日常のコミュニケーションを手話で行っている子どもも少なくない。いずれのコミュニケーション方法を用いる場合でも，共通の課題となるのは読み書き（リテラシー）能力の習得である。特に学齢期以降の教科学習においては，文字日本語を読む力・書く力が要求され，年齢が上がるほどより高度な読み書きの力が求められる（長南・澤，2007）ため，小学校高学年以降に発達の遅れが顕在化しやすく，現れる困難も多様になる（表3-2）。

　行動・対人関係・社会性の発達には環境要因が強く影響し，個体要因との相互作用によって様々な様相を示す。近年は，近隣の通常学校に通学する聴覚障害児が増える傾向にあり，学校生活のほぼすべての時間を聞こえる子どもの集団の中で過ごしているため，音声コミュニケーションにおける不全感や意思疎通に関するトラブル，ストレスが生じやすい。また音声中心の学習の中で情報が抜け落ちることもあり，特に集団活動での子ども同士のやりとりについていけない場合もある。さらにこのような負の経験が積み重なることで，自我形成の困難や自己肯定感の喪失を引き起こす危険性も想定される。一方，聾学校では1学級あたりの子

表3-2 聴覚障害児における読み書きの困難例

言語単位	困難の例
文字・形態	平仮名・片仮名の使い分け，綴りの誤り，漢字の読み，動詞などの活用，自動詞・他動詞の使い分け　など
語彙	語彙量の不足，抽象語の理解，複合語の理解，語のカテゴリー化，多義的な意味の理解　など
文	格助詞の理解，助動詞の理解
	複雑な文の理解（関係節構文，比喩文・ことわざなど）
	特殊な構文の理解（授受構文，受動文，使役文など）
	代名詞の指示，文の接続関係・論理関係
文章	文章展開の理解，推論，感情の理解・表出　など

どもの数が極端に少なく（文部科学省，2017），子ども同士がかかわる機会が制限される。幼児期から同じ学校や学級で育つ子どもも多く，子ども同士の関係や役割の固定化，通学時間が長いことによる生活時間の制限，居住する地域での仲間集団の形成の難しさなど，対人関係や社会性が育つ上で多様な人格や個性に触れる機会が少ないといえる。

2. 聴覚障害教育のしくみ

聴覚障害児の教育の場は，就学前と就学後に分けてとらえることができる。就学前の子どもが通う代表的な専門教育機関としては，聾学校の乳幼児相談や幼稚部，児童発達センター（旧難聴幼児通園施設），医療クリニック，私設の療育機関などがある。一方，就学後（学齢期以降）の教育機関としては聾学校，通常学校，特別支援学級（以下，難聴学級），通級指導教室（以下，聞こえの教室）などがあげられる。

新生児聴覚スクリーニングによって障害の発見が早期化していることで，聾学校の乳幼児相談や児童発達センターを訪れる子どもの数は増加している。これらの機関では子どもに対する直接的な療育・教育とともに保護者支援を重視しており，保護者の心理面へのケア，子どもとの接し方，聴覚補償機器の使用や福祉的手続きのアドバイス等の具体的な支援を行っている。医療クリニックや私設の療育機関は，成立の目的やプロセスに応じてそれぞれ特色があり，医療や福祉等の専門性を活かした実践が行われている。

聴覚障害児の通う特別支援学校は全国に100校程度あり，そのうちの約8割が聴覚の単一障害児のみが通ういわゆる聾学校である（文部科学省，2017）。2007年（平成19年）の特別支援教育制度への転換以降，聾学校は減少傾向にあり，複数の障害を対象とする特別支援学校への移行が進んでいる。聾学校は都道府県立（以下，公立）の学校が大半を占めるが，設置数が1～2校の県が多く，面積の広い県や地形が複雑な県では通学上の負担を考慮して分校や分教室を設置している。

一方，難聴学級や聞こえの教室の数は1993年（平成5年）の通級による指導の制度化以降少しずつ増加している。難聴学級や通級指導教室の設置形態は地域によって様々であり，特定の学校に設置され近隣地域の子どもが通う方式や，巡回指導方式，子ども1名に対し難聴学級を1つ設置するといった方式がある。さらに聾学校が通級指導教室を設置したり，サテライト教室を設けるなど，地域の実情に応じた体制づくりが行われている。

教育機関の選択に関しては，学校教育法施行令第22条の3等の法令によって障害の程度に応じた基準が示されている（**表3-3**）。しかし，実際には本人や保護者の意向，専門家の意見などに基づいて柔軟な選択が行われている。多くの場合，保護者等の意向を尊重した就学先の決定が

表 3 - 3　聴覚障害の程度・状態と就学

就学が適当な学校種	障害の程度・状態
特別支援学校（聾学校）	両耳の聴力レベルがおおむね60デシベル以上のもののうち，補聴器等の使用によっても通常の話声を解することが不可能又は著しく困難な程度のもの（注1）
特別支援学級（難聴学級）	補聴器等の使用によっても通常の話声を解することが困難な程度のもの（注2）
通級指導教室（聞こえの教室）	補聴器等の使用によっても通常の話声を解することが困難な程度のもので，通常の学級での学習におおむね参加でき，一部特別な指導を必要とするもの（注2）

（注1）　学校教育法施行令第22条の3
（注2）　文部科学省初等中等教育局長（25文科初第756号　平成25年10月4日）「障害のある児童生徒等に対する早期からの一貫した支援について（通知）」

なされているが，学校選択における課題も少なくない。たとえば，市内の中学校に難聴学級が設置されていない場合や他県の聾学校に通いたい場合などに対応すべき，区域外就学に関する規定については現状では十分に整備されていない。高等学校での通級制度（文部科学省，2016）や私立学校に通う子どもへの対応などを含めて，今後の改善が望まれる。

3.　聴覚障害教育の方法

（1）　コミュニケーションの方法

　聴覚障害教育の実践における最大の特色は多様なコミュニケーションの方法の特徴にあり，それらはおおまかに聴覚的方法，視覚的方法，総合的方法に分類される（表3-4）。聴覚的方法では，聴き取りと発話に

第3章 聴覚障害と教育 | **51**

表3-4 聴覚障害教育におけるコミュニケーション手段

分　類	方　法	特徴等
聴覚的方法	聴き取り，発語・発話	補聴器・人工内耳の装用
視覚的方法	読話，キュードスピーチ	聴覚口話法にて聴覚的方法とあわせて使用
	手話，指文字	日本手話，日本語対応手話，ASLなど
	文字	筆談，パソコンテイク，メール，空書など
	その他	身体による表現（表情・ジェスチャーなど） 視覚的呈示（事物，絵，写真，シンボルなど）
総合的方法	トータルコミュニケーション	多様な方法を組み合わせて用いるという理念

よってコミュニケーションを行う。多くの子どもは障害が発見された後，補聴器や人工内耳による聴覚補償を開始する。人工内耳は音を電気信号に変換し内耳に埋め込んだ電極に直接送り込む装置であり，小児への適応基準の変更に伴い（日本耳鼻咽喉科学会，2014），乳幼児期に施術する子どもの例が増えてきている。

　視覚的方法のうち「読話」は口唇等の動きから発話を読み取る方法であり，聴き取りとあわせて用いられる。聴き取り・発話と読話を併用した方法は，一般に「聴覚口話法」と呼ばれる。またキュードスピーチは日本語の子音にあたる音を手指によるサイン（キュー）で表す方法であり，聴覚口話法の中で使用される方法の一つである。手話と指文字は手指を活用した視覚的方法である。指文字は手指の形や動きによって日本語の50音を表現する方法であり，日本では片手式の指文字が使用されている。また手話は日本語とは異なる言語としての「日本手話」と，日本語を手の動きや形に置き換えた「日本語対応手話」に大別される。「日

本手話」と「日本語対応手話」では使用される手の動きや形に共通する
ものも多いが，「日本手話」は独立した言語としての文法や語彙（語義）
を有しており，その表現形態は日本語対応手話とは異なっている（松岡，
2015）。一方，日本語対応手話は音声日本語を手話に置き換えた表現方
法と考えられ，文法規則等が日本語に依拠している点で言語としては日
本語と見なすこともできよう。

　総合的方法は一般にトータルコミュニケーション（TC）と呼ばれる。
TC は「あらゆる手段を用いてコミュニケーションを行う」という理念
であり，その具体的な方法は様々であるが，聾学校での教育においては，
音声と日本語対応手話との併用が最も一般的であろう（庄司，2015）。

　教育実践において使用される方法は，子どもの実態や教育の場によっ
て異なる。補聴器などを装用し聴覚活用の条件が整っている場合や，乳
幼児期の指導を通じて聴き取りの能力を相応に高めた子どもは，通常学
校に在籍する例が多く，音声中心のコミュニケーションとなる。一方，
聾学校では子どもの実態に応じて手話や音声などの方法を使い分けてい
る。特に公立聾学校の多くは多様なコミュニケーション方法を授業の目
的等に応じて用いており，幼児期から手話を活用した指導を行っている
学校が増えている。またわが国に2校ある私立聾学校では，それぞれ手
話や聴覚活用を重視した特色ある教育が実践されている。

（2）　教育の場に応じた方法

　聾学校に通う子どもは相対的に障害の重い子どもが多く，音声や手話
とあわせて様々な視覚的情報を活用した指導を行っている。板書，事物，
プリント，カード，テレビモニター，パソコン，タブレットなどを目的
に応じて使い，さらに授業で学んだ重要語句や学習内容の流れを掲示す
るなどの視覚的情報呈示の工夫が行われている。また教師の発話を聞き

取りやすくするためにループ，赤外線，FM などの補聴援助システム（三浦，2017）を活用している学校もあり，個々の子どもに応じた情報入力の方法が選択される。聾学校の通常クラスではいわゆる「準ずる教育」を行っており，通常学校と同様の教育課程による授業が進められている。また自立活動の授業では，言語・コミュニケーションに関する能力の涵養に加え，障害認識や社会理解などの社会自立に向けた内容を重視する学校も多く，特別活動の内容と関連させたキャリア教育の充実も求められている（原田，2013）。

　難聴学級や聞こえの教室では基本的に個別指導による自立活動的内容を扱っており，音声でのやりとりを中心としながら視覚的教材も活用した指導が展開されている。小学校では，主に聴覚の管理と活用，発音能力の向上，読み書き能力の向上，自己認識を踏まえた周囲の友達とのコミュニケーションなどの指導が重視されており，各児童の発達段階に応じたオーダーメイドの指導が行われる。また中学校では，英・数・国などの主要教科を中心とした授業とともに，自己認識や進路にかかわる内容を重視している。いずれにおいても，定期的に聴覚障害児同士の集団による活動を行っている場合が多く，仲間集団の形成と相互交流による自己理解の深化を促している。

（3）　教育・指導における基本的な考え方

　聴覚障害は「情報の障害」と呼ばれることもあり，自分にとって必要・重要な情報の受信・発信に困難が生じやすい。それゆえ，聴覚障害児に対する指導では情報を確実に伝えることが重要であり，指導環境の整備，教師の話し方，手話の活用，教材教具の工夫に加え，授業の流れを把握できる工夫，やりとりによる思考の深化，確実な理解の確認などに留意する必要がある（**表3-5**）。たとえば聴覚障害児の中には，文章

表3-5 授業場面での基本的な留意点

観　点	留意するポイント
教室環境の整備	机等の配置：教員と子ども，子ども同士が見えるよう馬蹄形や対面の配置 機器の動作：個人補聴器，補聴援助システムの動作確認 掲示の方法：子どもが見やすいように位置や方法を一定にする／授業内容が残るような工夫をするなど
話し方・教示方法	話す位置：黒板や口形の見やすさを考慮して立ち位置や動きを決める 注意喚起：子どもを注目させてから話し始める，子どもの方を向いて話す 表現方法：子どもの実態に応じたことばを用いる／十分に聞こえる声で，表情や口形がわかりやすいように話す／正しいイントネーションやアクセントで話す
活動・やりとり	理解の確認　：重要な語句や表現は文字（板書，カード，プリント）や指文字で確認する 発言のルール：お互いに見ることを習慣化し発言が全員に伝わるようにする 活動の明確化：見る・聞く・読む・書くといった活動を区別する 誤りへの対応：誤りや不十分な表現は，適切に修正し確認する
教材・教具の使用	板書計画　：授業の流れ，思考の過程が残る板書を計画する 教材の工夫：色分け等によって注目すべき点がわかるようにする／写真，絵，イラスト，動画などを効果を考えてつくる・用いる／興味・注目を引くように，見せ方や出し方を工夫する
手話の使用	日本語との対応：手話を併用するとき，正しい日本語表現で話す／「助詞」を指文字で話すなど，適宜情報を補う／同手話（同日本語）—異日本語（異手話）の対応に注意する 教科内容の表現：同一の教科では，教員間の手話の共通性に考慮する

に明示されている事実や出来事の読み取りはできるが，文章構造の論理的理解や心情に関する推論に困難を示す子どもが少なくない（深江，2010；Sawa，2011）。明示されていない出来事や目に見えない事象に対して，子どもの発見や気づきを促すような発問や教示を行い，やりとりを通じて思考を深めていくことが重要である。また授業の流れの中で情報の欠落ややりとりにおける不整合が生じることで，正しい理解に至らないこともあり，思考プロセスの振り返りや重要事項の確認が不可欠となる。日本語の正しい読みや綴り，手話と日本語の対応，概念の説明，プリントによる振り返りなどを適宜実施して，着実な理解の定着を促す必要がある。

4. 聴覚障害教育の実践的課題

（1） 読み書きの発達支援

　近年，インターネット環境の発展により大量の情報へのアクセスが可能になっており，あふれる情報の中から必要な情報を理解し選択する上で，読み書きの力は必要不可欠な「生きる力」と見なされる。

　従来，聴覚障害教育においては聴覚口話法による自然なやりとりの中で，経験を言語化しながら日本語を習得する「自然法」が基本とされてきた（齋藤，1996・2012）。この考え方は現在でも指導の根幹であるが，幼児期からの手話コミュニケーションが一般的になっている現在，手話を基礎にした日本語習得の道筋を明確化し具体的な指導方法として定着させる必要がある。近年は手話の使用を前提としながら，自立活動等の枠組みの中で日本語の読み書きに特化した指導を行う学校も増えつつある。このような方法は日本語が苦手な子どもに対して，語彙や構文の指導を通じて「理解できる」ことを経験させ日本語の基礎的知識を積み上げていく点で効果的であり，外国人への日本語教育の技法を応用したり，

ICT 機器を活用した指導実践は一定の成果をあげている（木島，2014）。一方で，限られた授業時数の中で日本語を「教える」ことには相応の限界があり，発展的学習にまでつながりにくいといった課題も指摘されている。日本語を「教える」ことの限界を超えるためには，自発的学習の促進や学習意欲の向上が重要なポイントとなる。そのためには自分の日本語力を正しく評価できるメタ認知能力（長南・澤，2009）や，日本語の有用性に対する気づきを形成するといった実践が必要になるだろう。自覚的な学習意欲の形成には，日々の学習習慣を振り返る工夫や，家庭や学校での学習活動全般を通じた体系的実践が求められる。

（2）　自己認識と社会性の発達支援

現在，聾学校の高等部卒業生の進路は，進学と就職の割合がほぼ同等である（文部科学省，2017）。聴覚障害児の高等教育機関への進学者数は年々増加しているが（日本学生支援機構，2017），進学後に不適応に陥る学生も少なくなく，また就職後短期間のうちに離職する者も多い。厚生労働省（2013）によると，聴覚障害者（平衡機能障害も含む）の離職率は40％を超えており，石原（2009）の調査でも転職を考えたことのある者の割合が50％を超えることが示されている。

大学での不適応や離職の理由として第一に考えられるのは，コミュニケーションの不全感である。大学や企業などの大規模集団の中で周囲の聴者との意思疎通が難しいことで，集団適応ができない，仕事の内容や意味がわからないといった不満や心的ストレスが溜まりやすい状況に置かれてしまう（石原，2011）。職業形態の変化に伴い，聾学校で独自に設置されてきた理容科などの職業教育コースの設置数は徐々に減少傾向にある。聴覚障害者が働く場としても事務職等のサービス業が一般化しており，職務上，聴者とのコミュニケーションが求められる機会も増え

てきている。

このような状況に対しては，周囲の聴者に対し聴覚障害への理解を促すことが必要となる。聴覚障害児が在籍する小・中学校では，周囲の子どもたちへの障害理解を啓発する授業が広く行われているが，高等教育機関や企業では，誰がその役割を担うのかという点も明確でなく，社会参加を促す上での大きな課題となっている。また自立した社会生活を営むために，社会全般の理解を深めることが必要となる。聴覚障害児が集う聾学校は「聞こえる世界」を体験しにくい場ともいえ，社会との対比において自己理解を深める機会が制限されやすい場とも考えられる。学校外での社会体験，生活常識や社会的マナーの理解，状況に応じたことばづかいの習得など，対人行動に関する具体的指導を通じて「社会の中の自分」を経験し考える取り組みを体系化する必要がある。同様のことは，通常学校に通う子どもにとっても重要である。通常学校に通う聴覚障害児の約3分の2は軽度・中等度障害であり，乳幼児期より継続した聴覚補償を受けている場合が多い。そのため「聞こえない」ことを実感しにくく，情報欠落への意識が不十分なまま成長することも少なくない。難聴学級や聞こえの教室での指導において，自分の障害に関する客観的知識，集団活動における情報取得の方法，自分の気持ちを伝え必要な支援を求める説明力などを発達段階に応じて習得させ，社会に対して積極的に発言や行動ができる姿勢を育てることが重要となる。

引用文献

長南浩人・澤隆史（2007）「読書力診断検査に見られる聾学校生徒の読書力の発達」（『ろう教育科学』49(1)，pp.1-10）

長南浩人・澤隆史（2009）「聴覚障害児の読みの過程におけるメタ認知に関する研究動向」（『特殊教育学研究』47(3)，pp.163-171）

深江健司（2010）「聴覚障害児の文章理解の特徴に関する研究―事実レベルと推論レベルの理解とその関連性の検討―」（『特殊教育学研究』47(4)，pp.245-254）

原田公人（2013）「特別支援学校（聴覚障害）におけるキャリア教育・職業教育」（『聴覚障害』747，pp.4-11）

林安紀子（2003）「聴覚障害児の発達と教育」（菅野敦・橋本創一・林安紀子・大伴潔・池田一成・奥住秀之編『障害者の発達と教育・支援―特別支援教育／生涯発達支援への対応とシステム構築―』山海堂，pp.39-57）

石原保志（2009）「筑波技術短期大学聴覚障害系卒業生の転職に関する意識」（『筑波技術大学テクノレポート』17(1)，pp.57-62）

石原保志（2011）「聴覚障害児者のキャリア発達とセルフアドボカシー」（『ろう教育科学』53(1)，pp.13-21）

木島照夫（2014）『文法を視覚化・構造化した きこえない子のための日本語チャレンジ！』難聴児支援教材研究会

厚生労働省（2013）「平成25年度障害者雇用実態調査」

松岡和美（2015）『日本手話で学ぶ 手話言語学の基礎』くろしお出版

三浦直久（2017）「補聴援助システム」（大沼直紀監修，立入哉・中瀬浩一編『教育オーディオロジーハンドブック 聴覚障害のある子どもたちの「きこえ」の補償と学習指導』ジアース教育新社，pp.231-236）

文部科学省（2016）「高等学校における通級による指導の制度化及び充実方策について」

文部科学省（2017）「特別支援教育資料（平成28年度）」

中村公枝（2015）「聴覚と聴覚障害」（藤田郁代監修，中村公枝・城間将江・鈴木恵子編『標準言語聴覚障害学 聴覚障害学（第2版）』医学書院，pp.1-29）

中澤操（2014）「小児聴覚障害を取り巻く諸問題」（『音声言語医学』55(4)，pp.345-349）

日本学生支援機構（2017）「大学，短期大学及び高等専門学校における障害のある学生の修学支援に関する実態調査分析報告」（https://www.jasso.go.jp/gakusei/tokubetsu_shien/chosa_kenkyu/chosa/__icsFiles/afieldfile/2017/11/09/2016report3.pdf：最終閲覧2018年5月17日）

日本耳鼻咽喉科学会「小児人工内耳適応基準（2014）」（http://www.jibika.or.jp/members/iinkaikara/artificial_inner_ear.html：最終閲覧2017年10月7日）

斎藤佐和（1996）「聴覚障害児教育の方法」（中野善達・斎藤佐和編『聴覚障害児の教育』福村出版，pp.49-72）

齋藤佐和（2012）「聴覚障害幼児の発達と教育」（四日市章監修『はじめの一歩―聾学校の授業―』聾教育研究会，pp.5-8）

SAWA, T.（2011）Working memory capacity and text comprehension of children with hearing impairments: Sentence verification technique test. *Japanese Journal of Special Education, 44*, pp.605-618.

庄司美千代（2015）「特別支援学校（聴覚障害）国語科指導におけるコミュニケーション手段と教材活用に関する現状―「特別支援学校（聴覚障害）におけるコミュニケーション手段と教材活用に関する現状調査」から―」（『国立特別支援教育総合研究所研究紀要』42，pp.41-49）

● 「さらにくわしく学習したい人のため」の参考文献

藤田郁代監修，中村公枝・城間将江・鈴木恵子編（2015）『標準言語聴覚障害学　聴覚障害学（第2版）』医学書院

中野善達・根本匡文編著（2008）『聴覚障害教育の基本と実際（改訂版）』田研出版

マーク・マーシャーク／パトリシア・エリザベス・スペンサー編著，四日市章・鄭仁豪・澤隆史監訳（2015）『デフ・スタディーズ　ろう者の研究・言語・教育　オックスフォード・ハンドブック』明石書房

大沼直紀監修，立入哉・中瀬浩一編著（2017）『教育オーディオロジーハンドブック　聴覚障害のある子どもたちの「きこえ」の補償と学習指導』ジアース教育新社

脇中起余子（2009）『聴覚障害教育これまでとこれから　コミュニケーション論争・9歳の壁・障害認識を中心に』北大路書房

4 | 言語障害と教育

澤　隆史

《**目標＆ポイント**》　本章では，言語障害とは何か，またその教育のしくみ・方法・実践的課題について理解を図ることを目標とする。その際，特に通級による指導での主な対象となる表出性の障害として構音障害，吃音，および言語発達遅滞の子どもに対する指導の進め方や枠組みを中心に解説し，知的障害・発達障害等に伴う言語発達の課題についてはあつかわない。

《**キーワード**》　通級による指導，個別の指導計画，言語発達，スピーチ，ランゲージ

1. 言語障害とは

（1）　言語障害の定義

　言語障害とは，言語の獲得や使用において何らかの困難が認められる状態を総称する概念であり，「ことばの形態，音韻，意味，統語，語用などに関する知識の獲得やその使用（話す・聞く・読む・書く）において，同じ言語を使う同等の年齢集団の中で著しく逸脱した状態」と定義される。ただし，障害の原因や症状の現れ方は様々であり，それぞれの子どもの状態を表す際は，症状に応じて「構音障害」，「吃音」，「読字障害」などの呼称を用いるのが一般的である。また言語障害はいくつかの原因の複合によって生じることや，症状の特定が困難な場合もある。近年では脳科学や神経生理学等の研究の進展に伴って，各々の障害の定義や呼称，分類基準についても変化している。現状では，医療，教育，福

祉等の領域の違い，研究と実践の違いなど，子どもへのかかわり方に応じて有効な分類や呼称が適宜使用されている。

（2）　言語障害の分類

　言語障害の分類にあたっては，"スピーチ（speech）"，"ランゲージ（language）"，"コミュニケーション（communication）"の3つの側面からとらえる方法が最も一般的であろう（大伴，2003）。スピーチとは聴き取り，発声・発語にかかわる側面であり，この側面における代表的な障害としては聴覚障害，構音障害，吃音，音声障害などがある。またランゲージとは語彙や文法などの言語知識に関する側面であり，言語発達遅滞，言語発達障害，発達性言語障害といった呼称がしばしば用いられる。コミュニケーションは対人的あるいは語用論的なことばの使用に関する側面であり，総称してコミュニケーション障害と呼ばれることもある。いずれの側面についても，言語障害が生じる原因は多岐にわたるため，聴覚障害，知的障害，自閉症スペクトラム障害などが原因で生じることばの理解や表出の困難については，「〜障害に伴う言語発達障害」などの表現を用いることもある。疾病や障害の診断基準として頻用される「精神疾患の診断統計マニュアル（DSM-5）」では，言語障害にかかわる項目として「コミュニケーション障害」が，また「疾病および関連保健問題の国際統計分類（ICD-10）」では「会話および言語の特異的発達障害」がそれぞれ設けられている。いずれにおいても発語器官の形態異常（口蓋裂など）や，知的障害，聴覚障害，読み書きにかかわる言語障害については，それぞれ独立した項目の中で説明されている。

　学校教育の対象としての言語障害については，「障害のある児童生徒等に対する早期からの一貫した支援について（通知）」（文部科学省，2013）の中で規定されており，特別支援学級では「口蓋裂，構音器官の

まひ等器質的又は機能的な構音障害のある者，吃音等話し言葉における
リズムの障害のある者，話す，聞く等言語機能の基礎的事項に発達の遅
れがある者，その他これに準じる者（これらの障害が主として他の障害
に起因するものではない者に限る。）で，その程度が著しい者」，通級に
よる指導では同様の障害がある者で「通常の学級での学習におおむね参
加でき，一部特別な指導を必要とする程度のもの」が対象としてあげら
れている。国立特別支援教育総合研究所（2017）によると2014年時点で
言語障害特別支援学級や通級指導教室（以下，あわせて"ことばの教室"
とする）で指導を受けている子どもの障害別の割合は，構音障害42.3％，
言語発達遅滞27.8％，吃音11.7％，口蓋裂1.2％，その他16.9％であるこ
とが報告されている。以下では，特にことばの教室での主たる対象とな
る構音障害，吃音，言語発達遅滞について概説する。

（3）　構音障害
　構音障害とは「同じ（地域の）言語を使う同等の年齢集団の中で，構
音が著しく逸脱しまたそれが習慣化している状態」をいう。構音障害は
その発生機序によって，一般的に機能性構音障害，器質性構音障害，運
動性構音障害に分類される（今井，2015）。機能性構音障害は，構音器
官や運動神経系に明らかな器質的（形態的）障害が認められないにもか
かわらず構音障害が生じる場合を指し，構音の問題を主訴としてことば
の教室を訪れる子どもの多くが該当する。一方，器質性構音障害とは，
構音器官における形態異常や機能障害に起因する障害であり，口蓋裂や
舌小帯短縮症などに伴う障害が代表的である。口蓋裂が発見された場合，
一般的には手術（口蓋形成術）による外科的治療を行う場合が多いが，
鼻咽腔閉鎖不全によって鼻から抜けるような音（開鼻音）が発せられる
場合もあり，音声の不明瞭さに対する発音指導を行うことがある。運動

性構音障害とは脳性マヒなどの発話に関連する運動をコントロールする神経系や筋系の障害によって引き起こされる障害であり，声の抑揚（プロソディ）の調節に困難を有したりする。

（4） 吃音

　吃音は発話における流暢性やリズムの障害であり，音の繰り返し（例「く・く・くるま」），引き延ばし（例「くーるま」），ブロック（例「……くるま」）を主な特徴とする障害である。言語発達の途上にある幼児期に吃音に似た非流暢な発話が出現することは少なくないが，吃音以外の要因が関与することもあるため，DSM-5では「小児期発症流暢症（吃音）」「小児期発症流暢障害（吃音）」というカテゴリにおいて，吃音を中心として幼少時に発症する流暢性障害を説明している。

　吃音が生じる割合（有病率）は，人口の約0.7％といわれている。ただし幼児では2％以上という高い数値が示されており，さらに吃音の約85％は4歳までに始まる（発吃）ことから，幼児期に始まる障害であることが示されている（Yairi & Seely, 2011）。また女児に比べ男児の方が，有病率は2倍ほど高く，年齢が上がるほど男性比が高くなるといわれている。吃音が生じる原因としては，本人の器質的あるいは認知的な側面に原因を求める素因論（大脳半球優位説，潜在的修正仮説など），本人を取り巻く環境に原因を求める環境論（診断起因説など），心理学的な学習を所産とする学習論に大別できる（小林，2003）。近年では，吃音に関与する遺伝子の解析や，言語発達や言語処理との関連から吃音の発生機序に迫る研究（島守・伊藤，2010）など，新たな観点からその原因が探求されている。しかし，いずれの学説も吃音が生じるメカニズムを統一的に説明するものではなく，現時点では原因について十分には明らかにされていない。また発達障害者支援法の対象に含められるなど，

発達障害の視点から言及されることも増えつつある。

（5） 言語発達遅滞（言語発達障害）

　言語発達遅滞とは，通常の言語発達のプロセスから逸脱しており，特定の生活年齢で期待される言語理解や言語産出の水準まで達していない状態をいう。同様の呼称として「言語発達障害」，「ことばの遅れ」などがあるが，「言語発達遅滞」あるいは「ことばの遅れ」という用語が「話す，聞く等言語機能の基礎的事項に発達の遅れがある者」として主に学校教育の場で使用されるのに対し，「言語発達障害」は独立した疾患の単位として学術的あるいは医学的に使用されることが多い（藤野，2017）。言語発達遅滞は知的障害や発達障害に伴って生じたり（西村，2001），単語・文・文章，あるいは音韻・形態・意味・統語・語用といった多様な言語の単位や側面で困難が生じるため，非常に幅の広い包括的概念ということができる。

　このうち，ことばの教室の主たる対象となるのは，感覚障害や運動機能障害，神経学的疾患や知的能力障害等を原因としない言語障害の子どもである。このような子どもは特異的言語発達障害（specific language impairment：SLI）と呼ばれることもあり，語彙の乏しさ，語想起の困難，複雑な構文形成の困難などを示すことがあり，とりわけ統語的な側面（格助詞や時制の獲得など）での困難に特徴があるとされている（藤野，2003）。また学習障害児の中で，発達性読み書き障害のように言語発達に困難を有する子どももことばの教室で指導を受けることがある。言語発達遅滞に該当する子どもを厳密に定義することは難しいが，学校教育においては，幼児期における言語発達の様態，言語に関する種々のアセスメントの結果，教室での学習困難の状況等から総合的に判断して指導や支援を行うことになる。

2. 言語障害教育のしくみ

　言語障害児に対する教育は，主に小中学校に設置されたことばの教室が担っている。わが国の学校教育における言語障害児への対応は，戦後に開設された「国語科治療教室」を端緒とし（伊藤，2000），その後，言語障害児学級が急速に増加して通級による指導の形態が定着したが，法的には1993（平成5）年に「通級による指導」として正式に制度化された。制度化以降，通級による指導を受ける児童生徒数は増え続けており，そのうちの約40％の児童生徒は言語障害が占めている（文部科学省，2017a）。ただし，中学校で指導を受けている生徒は小学校の10分の1程度であり，小学生の数が圧倒的に多い。

　2016年（平成18年）の「学校教育法施行規則の一部改正」において通級による指導の対象が広がる以前は，ことばの教室に通う子どもが通級による指導全体の約80％を占めていた。地域の教育システムによる差異もあるが，これは言語障害の原因が多岐にわたり，小学校入学時にその特定が困難なため，知的障害や学習障害あるいは情緒障害等の子どもたちもことばの教室が支援すべき対象に含まれていたことによる。現在では，学習障害等を対象とする教室の開設が進みつつあり，障害の様態によって通級の場が分化することで，ことばの教室に通う子どもの割合は減少傾向にある。しかし子どもの実数は2005年度の2万9,683人から2016年度は3万6,793人と徐々に増加している（文部科学省，2017a）。特別支援教室の設置など，教育体制が変化することでことばの教室の位置付けや役割も変わることが予想されるが，特別な支援が必要な言語障害児の数は今後も増加すると考えられる。

　学校以外の支援の場は，病院，研究機関，民間のクリニックなど多岐にわたっている。これらの機関では言語聴覚士が支援の中心的役割を担

っており，医師との連携のもとにアセスメントや言語指導の実践が展開されている。また同じ障害のある人たちの交流や情報交換あるいは啓蒙活動を行う組織として，セルフヘルプ・グループがある（藤野，2000）。吃音者で組織される「言友会」には，800名ほどの会員が所属し，ワークショップやつどいなどの活動を通じて吃音児の支援を進めている（NPO法人全国言友会連絡協議会，2017）。

3. 言語障害教育の方法

（1） 指導の基本的な進め方

　ことばの教室では，自立活動的内容や教科学習に関する個別による指導を基本としている。ことばの教室の指導は，はじめに教育相談などにより保護者との話し合いを行った後，図4-1に示したような流れで展開する。①インテークでは，主訴や生育歴などに関する情報の聞き取り

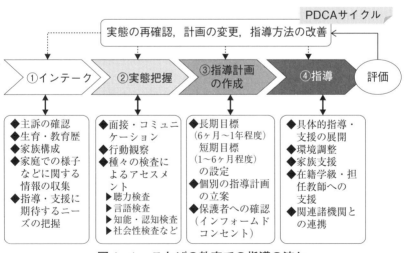

図4-1　ことばの教室での指導の流れ

を通じて，保護者の思いや指導に求めるニーズについて把握する。②実態把握では，種々の方法によって障害の状態について詳細な情報を収集する。たとえば，構音障害を主訴とする場合は，聴力検査等による聴き取りの力，発声・発語器官の運動機能，種々の言語材料を用いた発音の誤り方や特徴の確認などを行う。また必要に応じて知能検査等による認知面のアセスメントや心理テストを行う場合もある。ニーズを明確にした上で，必要とされる指導時間などを想定した③個別の指導計画を作成する。指導計画では長期・短期目標を設定し，具体的な指導項目や方法などを呈示して保護者の同意を得た上で④指導を開始する。指導計画の作成は在籍学級の担任教員を含めた教員チームで行うことが原則であり，学校生活や学習活動の全般を視野に入れて効果的な計画を立案することが求められる。

　通級による指導は，1週間で8単位時間以内が標準とされているが，概ね週あたり2〜4単位時間（小学校の場合，90〜180分）で実施している場合が多い。指導の効果は障害の種類や症状あるいは子どもの学習意欲などに応じて早期に現れることや，一定の期間を経た後に改善に向かうこともある。一方で，長期間の指導によっても改善が認められない場合もある。いずれの場合でも，個々の子どもの発達段階や生活年齢を考慮しながら，指導の効果や問題の改善状況を定期的に評価して，指導目標や指導内容の修正・変更を行う"PDCAサイクル"が重要となる。

（2）　構音障害の指導

　構音障害の指導にあたっては，はじめに構音検査を通じて構音の誤りの特徴を正確に把握することが必要である。構音の誤り方は一般的に，目的の音が他の音に置き換わる"置換（例：うさぎ→うたぎ）"，目的の音が省略される"省略（例：ライオン→アイオン）"，目的の音と似てい

るが正しくない音が生じる"歪み（例：からす→か？す)"の3つのタイプに分類される。特に歪みを伴い特異的な構音操作によって生じる障害として，口蓋化構音，側音化構音，声門破裂音，鼻咽腔構音，咽頭摩擦音・破裂音などがあげられる（**表4-1**)。言語音は，口唇，舌，口蓋，咽頭，声帯などの発声発語器官（**図4-2**)を巧みに調節し動かすことによって発せられる。母音や子音の正しい構音が，口腔内のどの位置で（構音位置）どのような方法で（構音方法）発せられるかというメカニズムを踏まえ，誤った構音が産出される原因を特定する必要がある（**表4-2**)。

　適切な指導をせずに誤った構音が定着してしまうと，改善までに長い時間を要してしまう。また自分の構音の誤りに対する意識が高まると，コミュニケーション意欲の低下を引き起こすことが危惧される。それゆえ，構音の指導は，幼少期や学齢期の早い段階で行うことが求められる。

表4-1　特異な構音障害の種類（加藤，2015を一部改)

種　類	特　徴	生じやすい音
口蓋化構音	舌先と歯・歯茎で産生すべき音が，舌の中央が硬口蓋に接してしまうことで生じる音	舌尖音，歯茎音，t, d, n, s, ts, dz, ts, dz, r
側音化構音	呼気が口腔の中央でなく，舌側縁から流出することで発せられる音	イ列音，拗音，ke, ge, ʃ, tʃ, dʒ, ʃ, ts, dz
声門破裂音	声門を閉じて呼気を止め，それを開くことで喉頭で発せられる破裂音	p, b, t, d, k, g
鼻咽腔構音	舌が上がることで呼気が口腔から出ず，鼻腔から流出することで発せられる音	イ列音，ウ列音，s, ts, dz
咽頭摩擦音・破裂音	舌根と喉頭壁によって発せられる摩擦音・破裂音	摩擦音，破裂音 s, ʃ, ts, tʃ

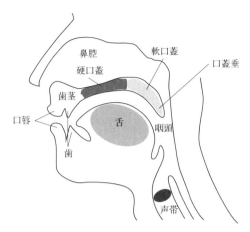

図 4 - 2　構音器官の概略図

表 4 - 2　構音位置と構音方法による音の違い

構音方法 \ 構音位置	有声無声	両唇音	歯茎音	歯茎硬口蓋音	硬口蓋音	軟口蓋音	声門音
破裂音	無声	パ行	タ行			カ行	
	有声	バ行	ダ行			ガ行	
摩擦音	無声	フ	サ行	シャ行	ヒャ行		ハ行
破擦音	無声		ツ	チャ行			
	有声		ザ行	ジャ行			
弾音	有声		ラ行				
鼻音	有声	マ行	ナ行				
接近音	有声	ワ行				ヤ行	

構音障害の指導にあたっては，はじめに言語音の弁別力を確認しておく必要がある。音の違いを聞き分ける力は自分の発する音をフィードバックし，正しい音と比較する上で指導における基礎となるからである。構音指導は，子音，音節（子音＋母音），単語，句，文，文章と徐々に大きな言語単位へと移行する。正確な構音における舌の形や位置，息の出し方，口の開け方などを一つひとつ注意しながら実際に動かし，正しい音の模倣を促したり，鏡などによる視覚的フィードバックを活用しながら正しい構音に近づけていく。また側音化構音や口蓋化構音のような特異な誤りについては，舌や喉頭の運動機能が十分でないことが多い。舌の緊張の緩和，舌の挙上等の運動訓練，呼気の調節練習などを通じて口腔器官の運動機能を高めることも重要な指導となる。

　構音指導は精緻な運動のトレーニングであり，繰り返しの練習が必要なため指導が単調になりやすく，子どもの意欲も低下しやすい。1つの音に対する指導時間を調節したり，ゲーム感覚で取り組める内容によって，子どもの意欲を維持しながら継続できるような工夫も必要となる。

（3）　吃音の指導

　吃音児への指導は，大きく直接的指導と間接的指導に分けることができる。直接的指導は，吃音症状の軽減を意図して話し方に直接働きかける方法である。直接的指導では，身体の緊張を軽減させる，1音ずつゆっくりと発語器官を動かす，息伸ばし気味に発話するなど，流暢な発話を導きやすい話し方を練習する。子どもに対しては，話し方をイメージするために触覚的教材や視覚的教材を用いることも有効である（見上，2005・2007）。また吃音症状が重篤な場合は，「わざと楽に吃る」話し方に置き換えることで軽減を図るといった方法もある。一方，間接的指導は保護者や担任教員あるいは周囲の子どもなどに対して吃音の正しい理

解を促すなど，環境に働きかける方法である。吃音児の場合，人前で発言することに対する抵抗感やからかい，いじめといった二次的な問題が生じる場合もあり，教室等の環境全体に対する多面的・包括的な支援アプローチが重要となる（小林・宮本・吉田，2017）。ことばの教室についての説明やクラスの児童生徒に対する授業などを通じて，吃音児への接し方や支援の具体について理解を促すことが求められる。直接的あるいは間接的指導のいずれにおいても，吃音に伴う悩みや苦しみを受け入れ，子どもの心理状態に十分配慮し，話すことへの不安を軽減するようなカウンセリング的支援を行うことが大切となる。

（4）　言語発達遅滞の指導

　言語発達遅滞の子どもは，言語の困難に関する一人ひとりのニーズが異なるため，アセスメントを通じて障害の特性や言語発達段階を的確に把握することが前提となる。近年は，指導目標を設定する上で有効なアセスメントツールの開発も進みつつあり（大伴・林・橋本・池田・菅野，2012），必要な方法を組み合わせて，優先的に指導する領域や活動を見極めることが重要となる。ことばの教室での指導では，語彙や文法などの言語領域（ドメイン）を定めて理解や産出を促していく方法と，やりとりを通じて言語の使用や会話・伝達能力を高めていく方法の両方が用いられている（大伴，2001）。前者の方法では，発達段階に適した材料の選定，目標領域における思考を活性化する教材づくり，教材の効果的な活用方法の工夫などが必要となる。後者の方法では，子どもの発話を繰り返したり補ったりする技法や，活動の流れを確認できるような教材の活用など，子どもとのコミュニケーションが発展するような環境をつくることが重要となる。

　指導の中で，子どもが自分の学習成果を確認することは学習意欲の向

上にとって効果的である。近年では，タブレットやパソコンなどのICT
機器を利用した読み書き指導など，子どもの興味を引きながら学習成果
を蓄積できる方法が発展しつつある（小池・雲井・窪島，2003）。ICT
の利用は結果のフィードバックやスモールステップ指導など，種々の指
導方法を共有化する上でも有効である。

4. 言語障害教育の実践的課題

　言語障害は原因や症状，あるいは保護者のニーズの多様性と複雑さか
ら，その指導方法を集約し体系化することの難しさがある。また言語障
害に関する学術上の進展に伴い，障害に関する新しい概念の構築や用語
等の変化も激しく，支援者には新しい情報に基づいた高次で幅広い専門
的技量の向上が求められる。一方で，通級指導教室の増加とも関連して
教育経験年数の短い教員が多く，1人の教員があらゆる障害に対応しな
ければならない。全国公立学校難聴・言語障害教育研究協議会（2015）
によると，全国のことばの教室の69.5%は担当教員が1人の教室であり，
また担当教員の16.5%がことばの教室担当1年目の教員であることが報
告されている。年度途中での子どもの入級や退級が頻繁にあり，安定し
た教室運営が難しい場合もあるなど，専門性を維持しにくい状況が続い
ている。また吃音などに代表されるように，言語障害は成人期に至って
も困難が持続する場合が少なくないが，中学校以降の支援の場が少なく
継続的な指導が難しいという課題もある。そのため，高等教育段階での
支援体制を含めた教育システムの改善が求められている。学校での学習
内容の増加や言語活動の重視（文部科学省，2017ｂ），社会における言
語情報の増大など，ことばの障害を有する人たちにとっての負荷が高ま
っている現在，専門性の向上，実践力の習得に向けた研修体制や教員配
置のシステムづくりが喫緊の課題となる。

引用文献

藤野博（2000）「言語障害を理解する―福祉の視点から―」（鮫島宗弘監修『障害理解への招待』日本文化科学社，pp.114-119）

藤野博（2017）「言語発達遅滞とその理解」（日本言語障害児教育研究会編著『基礎からわかる言語障害児教育』学苑社，pp.31-50）

今井智子（2015）「構音障害の概念と分類」（藤田郁代監修，熊倉勇美・今井智子編『標準言語聴覚障害学　発声発語障害学（第 2 版）』医学書院，pp.118-127）

伊藤友彦（2000）「言語障害を理解する―教育の視点から―」（鮫島宗弘監修『障害理解への招待』日本文化科学社，pp.104-107）

加藤正子（2015）「機能性構音障害」（藤田郁代監修，熊倉勇美・今井智子編『標準言語聴覚障害学　発声発語障害学（第 2 版）』医学書院，pp.128-137）

見上昌睦（2005）「重度吃音学童に対する直接的言語指導に焦点を当てた治療」（『音声言語医学』46(1)，pp.21-28）

見上昌睦（2007）「吃音の進展した幼児に対する直接的言語指導に焦点を当てた治療」（『音声言語医学』48(1)，pp.1-8）

小林宏明・宮本昌子・吉田麻衣（2017）「吃音のある児童への教師・他児の態度や対応―吃音のある児童の学校生活に対する質問紙調査を通して―」（『聴覚言語障害』46(1)，pp.9-20）

小林宏明（2003）「吃音児の指導の実際」（『日本言語障害児教育研究会第36回大会資料集』pp.99-108）

小池敏英・雲井未歓・窪島務（2003）『LD 児のためのひらがな・漢字支援』あいり出版

国立特別支援教育総合研究所（2017）「「ことばの教室」がインクルーシブ教育システム構築に果たす役割に関する実際的研究―言語障害教育の専門性の活用―平成27年度～28年度」研究成果報告書

文部科学省（2013）「障害のある児童生徒等に対する早期からの一貫した支援について（通知）」文部科学省初等中等教育局長通達（25文科初第756号）

文部科学省（2017 a ）「特別支援教育資料（平成28年度）」（http://www.mext.go.jp/component/a_menu/education/micro_detail/__icsFiles/afieldfile/2017/06/29/1386911_001.pdf：最終閲覧日2017年10月 7 日）

文部科学省（2017 b）「小学校（中学校）学習指導要領」

西村辨作（2001）「言語発達障害総論」（西村辨作編『ことばの障害入門』大修館書店，pp.3-30）

NPO 法人全国言友会連絡協議会（2017）事業案内（http://zengenren.org/zigyo.html）（最終閲覧日2017年10月 1 日）

大伴潔（2017）「言語発達遅滞児の支援」（日本言語障害児教育研究会編著『基礎からわかる言語障害児教育』学苑社，pp.51-69）

大伴潔（2001）「認知・言語的アプローチ」（大石敬子編『ことばの障害の評価と指導』大修館書店，pp.63-83）

大伴潔（2003）「言語障害児の発達と教育」（菅野敦・橋本創一・林安紀子・大伴潔・池田一成・奥住秀之編『障害者の発達と教育・支援―特別支援教育／生涯発達支援への対応とシステム構築―』山海堂，pp.74-91）

大判潔・林安紀子・橋本創一・池田一成・菅野敦（2012）『LCSA　学齢版　言語・コミュニケーション発達スケール』学苑社

島守幸代・伊藤友彦（2010）「核母音から後続する分節素への移行が吃音頻度に与える影響―2 音節目に視点を当てた検討―」（『音声言語医学』57(1)，pp.32-37）

Yairi, E. & Seery（2010）. *Stuttering: Foundations and clinical applications.* Pearson, New York.

全国公立学校難聴・言語障害教育研究協議会調査・対策部（2015）「平成26年度「全国基本調査」の報告」（全難言協機関誌『きこえとことば』33，pp.7-45）

● 「さらにくわしく学習したい人のため」の参考文献

藤田郁代監修，熊倉勇美・今井智子編（2015）『標準言語聴覚障害学　発声発語障害学（第2版）』医学書院

藤田郁代監修，玉井ふみ・深浦順一編（2015）『標準言語聴覚障害学　言語発達障害学（第2版）』医学書院

小林宏明（2014）『学齢期吃音の指導・支援　ICF に基づいたアセスメントプログラム（改訂第2版）』学苑社

日本言語障害児教育研究会編著（2017）『基礎からわかる言語障害児教育』学苑社

大伴潔・大井学編著（2011）『特別支援教育における言語・コミュニケーション・読み書きに困難がある子どもの理解と支援（シリーズきこえとことばの発達と支援）』学苑社

5 | 知的障害と教育

奥住秀之

《目標＆ポイント》　本章では，知的障害の用語と診断基準，知的障害と知的機能及び適応機能，知的障害関連因子とダウン症候群，特別支援学校と知的障害教育，特別支援学級と知的障害教育，特別支援学校学習指導要領における知的障害教育，知的障害教育の実践的課題などについて解説する。
《キーワード》　知能指数（IQ），適応行動，ダウン症候群，特別支援学校・学級

1．知的障害とは

（1）　知的障害の用語と診断基準

　最初に知的障害に関する用語整理から始める。医学的診断名については，精神遅滞（Mental Retardation）が用いられていたが，今後は，知的（能力）障害（Intellectual Disabilities），知的発達障害（Intellectual Developmental Disabilities），知的発達症（後述する DSM-5で見られる Disabilities を症と訳した名称）などに代わる方向にある。

　日本の法律上の用語は知的障害である。障害者基本法では身体障害，精神障害とともに知的障害が明記され，関連する法としては知的障害者福祉法等が存在する。以前の法律用語は「精神薄弱」であったが，1998年の「精神薄弱の用語の整理のための関係法律の一部を改正する法律」によって知的障害へと改められた。

　知的障害は学術的には発達障害に含まれることが一般的であるが，日

本の発達障害支援の原則を定めている発達障害者支援法の第2条には，「この法律において「発達障害」とは，自閉症，アスペルガー症候群その他の広汎性発達障害，学習障害，注意欠陥多動性障害その他これに類する脳機能の障害であってその症状が通常低年齢において発現するものとして政令で定めるものをいう」とあり，法律的な発達障害の範囲に知的障害を含めていない。

　次に，知的障害の定義を説明する。DSM-5と『知的障害：定義，分類および支援体系　第11版』（以下，「知的障害第11版」）という2つの国際的定義を見てみよう。DSM-5は，アメリカ精神医学会（American Psychiatric Association：APA）が2013年に発行した精神疾患の診断基準・マニュアルの最新版で，邦訳は2014年に出版された。「知的障害第11版」は，米国知的・発達障害協会（American Association on Intellectual and Developmental Disabilities：AAIDD）が2010年に発行し，知的障害の定義，分類及び支援体系に関する内容が記されており，邦訳は2012年である。

　DSM-5では，DSM-Ⅳにあった精神遅滞という診断名がなくなり，知的能力障害（知的発達症／知的発達障害）に改定された。ASDやADHDなどと並んで，知的障害も「神経発達症群／神経発達障害群」の一つとして位置づけられている。以下の3条件を同時に満たす場合を知的障害と定義する。第一に，論理的思考，問題解決，計画，抽象的思考，判断，学校での学習，及び経験からの学習などの知的機能の障害（原文翻訳は「欠陥」）。第二に，個人の自立や社会的責任において発達的及び社会文化的な水準を満たすことができなくなるという適応機能の障害（原文翻訳は「欠陥」）。第三に，この両者が発達期に発症することである。

　「知的障害第11版」では，「知的障害は，知的機能と適応行動（概念的，

社会的, 実用的な適応スキルによって表される）の双方の明らかな制約
によって特徴づけられる能力障害である。この能力障害は, 18歳までに
生じる」とある。

　以上をまとめると, 知的障害とは, ①知的機能（知能）の障害（制約）,
②適応機能（行動）の障害（制約）, ③発達期に出現（発症）, という3
条件で定義づけられる障害である。

（2）　知的機能（知能）とその評価

　知的障害の第一条件である知能について見ていこう。まず知能とは何
かということだが,「知的障害第11版」では次のように定義する。すな
わち, 知能とは全般的な知的能力を指し, 推論する, 計画する, 問題を
解決する, 抽象的に思考する, 複雑な考えを理解する, 速やかに学習す
る, 及び経験から学ぶことを含むものである。

　知能は個別施行の知能検査で測定され, その高低は知能指数
（Intelligence Quotient：IQ）で表される。IQは理論上では正規分布し,
知的障害のIQ基準は母集団の平均値（M）より2標準偏差（SD）以下
に, 測定誤差を含めたものとされる（DSM-5）。すなわち, 平均値100,
標準偏差15の標準的な検査では, 70±5が診断基準となる。なお
DSM-5では, IQ得点は概念的な機能の概算値ではあるが, 実生活の状
況における論理的思考及び実用的課題の習得度を評価するためには不十
分であるかもしれず, したがって, IQ値の解釈においては臨床的な判
断が必要であるという注意がある。今後は, IQ値だけにとらわれない
総合的診断がなされる方向性が示唆される記述である。

　代表的な個別施行の知能検査としては, ビネー（Binet）系とウェク
スラー（Wechsler）系がある。いずれも開発者の名前を由来とし, 複
数の設問から構成され, 独力での回答成績からIQ値を算出する。

まずビネー系テストは，設問が年齢順に並び，正答する年齢水準から精神年齢（Mental Age：MA）を算出する。MA と実際の年齢である生活年齢／暦年齢（Chronological Age：CA）との比から IQ 値を求める。具体的には次式である。

IQ = MA／CA ×100

具体的な数字をあてはめてみよう。たとえば CA 5 歳 0 ヶ月の子どもが MA 5 歳 0 ヶ月の場合，IQ 値100で標準値（平均値）である。CA10歳 0 ヶ月の子どもが MA 7 歳 0 ヶ月の場合，IQ70となり，この値は知的障害の基準値である。

次にウェクスラー系テストは，設問が認知領域ごとに分かれて難易度順に並ぶ。各設問の得点を年齢ごとの標準化サンプルの得点分布を利用した標準得点へと換算することにより，IQ 値（偏差 IQ）が算出される。検査は，幼児用 WPPSI（Wechsler Preschool and Primary Scale of Intelligence），児童用 WISC（Wechsler Intelligence Scale for Children），成人用 WAIS（Wechsler Adult Intelligence Scale）の 3 種類がある。

IQ は客観的な指標ではあるが，測定誤差，フリン効果，練習効果などの側面に注意して活用する必要がある。測定誤差とは，観察された個人の得点に内在する誤差のことであり，このために IQ 値は信頼区間と合わせて検討する必要がある。フリン効果とは世代が進むにつれて IQ 値が上昇する特性であり，過去に作成・標準化されたテストを用いる場合には，結果の読み方には注意が必要となる。練習効果については，同じ知能検査を反復して受けた人の IQ 値の上昇が明らかになっており，同じ年に同じ知能検査を実施しないことなどが指摘されている。

80

表5-1　適応機能の3領域とその例（DSM-5を基に筆者が作成）

適応機能	領域に含まれる例
概念的領域	記憶，言語，読字，書字，数学的思考，実用的な知識の習得，問題解決，新規場面における判断能力
社会的領域	他者の思考・感情・体験の認識，共感，対人的コミュニケーション技能，友情関係を築く能力，社会的な判断
実用的領域	セルフケア，仕事の責任，金銭管理，娯楽，行動の自己管理，学校と仕事の課題の調整

（3）　適応機能（行動）とその評価

　「知的障害第11版」によれば，適応機能（行動）は，日常生活において人々が学習し，発揮する概念的，社会的及び実用的スキルの集合であるとされる。DSM-5にはそれら3領域の例が**表5-1**の通り示されており，それらのうち1つ以上の領域が著しく障害され，学校，職場，家庭，または地域社会の中で1つ以上の生活状況において継続的な支援を必要とする場合を適応機能の障害としており，臨床評価及び評価尺度の両方から評価される必要があるとされている。また，必要とされる支援のレベルを決めるのは適応機能であり，重症度（軽度，中等度，重度，最重度）のレベルはIQ値ではなく適応機能によって定義される。

（4）　知的障害関連因子とダウン症候群

　知的障害の状態となる関連因子（危険因子）について，「知的障害第11版」では出生前，周産期，出生後ごとに，生物医学的，社会的，行動的，教育的な側面で分類がなされている。たとえば，出生前では染色体異常，単一遺伝子疾患，代謝異常，親の薬物使用など，周産期では分娩外傷，新生児期の疾患，保護者の養育放棄・拒否，出生後では外傷性脳

損傷，髄膜脳炎，変性疾患，虐待などである。

　これらのうち，特別支援学校や特別支援学級等に在籍することの多いダウン症候群（Down Syndrome）の特徴を説明しよう。なお，ダウン症候群の人すべてが知的障害の状態にあるわけではないことには注意したい。

　ダウン症候群という名称は，最初の報告者であるイギリス人医師であるジョン・ラングドン・ダウン（John Langdon Down）の名前に由来する。その原因は染色体異常である。ヒトの常染色体の数は22対44本が標準であるが，ダウン症候群の生物学的原因は21番染色体の1本過剰（3本）であり，21トリソミーと呼ばれる。21トリソミー以外にも転座型，モザイク型などの核型があるが，その割合は少ない。出生率は800〜1,000人に1人とされるが，母親の出産年齢の高さに相関があるとされる。

　ダウン症候群の子どもには併発症（合併症）のある者が多いことが指摘されている。たとえば，先天性心臓疾患，消化器系疾患，視覚における屈折異常，滲出性中耳炎などである。かなり早期からの治療が必要な場合もあり，乳幼児期からの専門医療との連携が不可欠である。

　言語・コミュニケーション面については，全般的な遅れを伴う子どもが多く，その遅れの程度は理解よりも表出で顕著であることが多いとされる。一方，対人関係は概して良好で，身振りやしぐさなどの非言語的コミュニケーションも高い水準にあるとされる。身体運動面については，始歩までの運動マイルストーン（首座り，寝返り，座位，つかまり立ち，つたい歩きなどの獲得時期）の遅れ，筋緊張の低下，筋力や平衡機能の低さ，動作緩慢などが指摘されている。ただし，これらについては個人差が大きいことは理解しておく必要があるだろう。

2. 知的障害教育のしくみ

（1） 特別支援学校と知的障害教育

　特別支援学校は，障害のある幼児児童生徒だけが在籍する学校である。幼稚部，小学部，中学部，高等部を設置できる（法律上は，特別の必要のある場合を除いて，小学部，中学部は設置義務である）。高等部については，普通科のほかに家政，農業，工業，流通・サービス，福祉の職業教育を主とする学科が設けられているところもある。また，卒業後の進路を見据えて複数の教育課程を設置したり，できるだけ多くの生徒の企業就労を目標としたりする学校も増えてきた。こうしたこともあって先に述べたように，高等部生徒の増加への対応が知的障害教育における重要な課題の一つとなっている。

　対象は学校教育法第72条に定められており，知的障害のほか，視覚障害者，聴覚障害者，肢体不自由者，病弱者である。なお，自閉症（自閉スペクトラム症：ASD）のある幼児児童生徒については，その障害単独では特別支援学校の対象ではない。特別支援学校（知的障害）に在籍する自閉症のある子どもは知的障害をあわせ有する者である。

　対象5障害のうち，知的障害が最も幼児児童生徒数が多く，他の4障害を圧倒する。文部科学省初等中等教育局特別支援教育課が発行する「特別支援教育資料（平成28年度）」（2017年6月）によれば，特別支援教育が法的に開始された2007年度は，特別支援学校在籍者数10万8,173人のうち知的障害を有する者は9万2,912人で，これは在籍者全体の85.9％であった。しかし2016年度になると，特別支援学校在籍者数13万9,821人のうち知的障害を有する者は12万6,541人で，これは在籍者全体の90.5％と全体の9割を超えている。特別支援学校在籍者のほとんどが知的障害をあわせ有する者であることが読み取れる。

また，4 学部の在籍者数の差異について2016年度のデータで見ると，幼稚部248人，小学部 3 万5,914人，中学部 2 万7,985人であるのに対し，高等部 6 万2,394人と顕著に多い。単純に中学部と高等部を比較しても約2.2倍以上の違いがあり，高等部の過大化・過密化は特別支援学校（知的障害）で解決すべき深刻な課題である。

（2）　特別支援学校（知的障害）対象の障害の程度

特別支援学校（知的障害）対象の障害の程度は，学校教育法第75条に「政令で定める」とある。この政令とは学校教育法施行令を指しており，その第22条の 3 に以下の通り示されている。

一　知的発達の遅滞があり，他人との意思疎通が困難で日常生活を営むのに頻繁に援助を必要とする程度のもの

二　知的発達の遅滞の程度が前号に掲げる程度に達しないもののうち，社会生活への適応が著しく困難なもの

文部科学省初等中等教育局特別支援教育課が発行する「教育支援資料」（2013年10月）では，この程度の意味を次のように説明する。なお，「教育支援資料」とは，就学手続の趣旨及び内容，早期からの一貫した支援の重要性，市町村教育委員会の就学手続におけるモデルプロセス，障害種ごとの障害の把握や具体的な配慮の観点などを網羅的に示した資料である。

「知的発達の遅滞があり」とは，認知や言語などにかかわる知的機能の発達に明らかな遅れがあるという意味で，精神機能のうち，情緒面とは区別される知的面に，同年齢の子どもと比較して平均的水準より明らかに遅れが有意にあるということである。

「他人との意思疎通」について，知的機能の発達の遅れが明らかにあることを前提に「他人との意思疎通が困難で」あることを示している。そ

れは，特別な配慮なしに，年齢段階に標準的に要求されるコミュニケーション能力が未獲得なため，一般的な会話での内容理解や意思伝達が著しく困難であり，他人とのコミュニケーションに支障がある状態を示す。

「日常生活を営むのに頻繁に援助を必要とする」とは，一定の動作，行為の意味，目的，必要性の理解が難しく，年齢段階に標準的に要求される日常生活上の行為に，ほとんどの場合または常に援助が必要である程度のことをいう。

「社会生活への適応が著しく困難」とは，たとえば，低学年段階では，他人とかかわって遊ぶ，自分から他人に働きかける，友達関係をつくる，簡単な決まりを守る，身近な危険を察知し回避する，身近な日常生活における行動（身辺処理など）が特に難しいなどが考えられる。

（「教育支援資料」の内容を筆者が要約・字句変更）

ここで注意したいのは，現行就学制度では，学校教育法施行令第22条の3に相当する子どもが必ず特別支援学校に就学するわけではないということである。市町村教育委員会が，子どもの障害の状態，教育上必要な支援の内容，地域における教育の体制の整備の状況その他の事情を勘案して，特別支援学校（知的障害）への就学が適当であるかどうかを判断する。その判断の留意事項として，2013年10月に発行された「障害のある児童生徒等に対する早期からの一貫した支援について（通知）」（25文科初第756号初等中等教育局長通知）には次のように示されている。すなわち，「知的機能及び適応機能の発達の状態の両面から判断すること。標準化された知能検査等の知的機能の発達の遅滞を判断するために必要な検査，コミュニケーション，日常生活，社会生活等に関する適応機能の状態についての調査，本人の発達に影響がある環境の分析等を行った上で総合的に判断を行うこと」である。

（3）　特別支援学級と知的障害教育

　特別支援学級は，障害のある児童生徒だけで編成される学級である。設置できる学校は，学校教育法第81条第2項に定められており，小学校，中学校，義務教育学校，高等学校及び中等教育学校であるが，実際には後期中等教育段階の学校には未設置である。また，設置されていない小学校，中学校も少なくない。

　対象も学校教育法第81条第2項に定められており，知的障害者のほか，肢体不自由者，身体虚弱者，弱視者，難聴者，その他（言語障害者，自閉症・情緒障害者）がある。

　特別支援学級対象の知的障害の程度は，「障害のある児童生徒等に対する早期からの一貫した支援について（通知）」（25文科初第756号初等中等教育局長通知）に以下のように示されている。すなわち「知的発達の遅滞があり，他人との意思疎通に軽度の困難があり日常生活を営むのに一部援助が必要で，社会生活への適応が困難である程度のもの」である。この説明が「教育支援資料」に次のようにある。

　知的障害特別支援学級の対象は，その年齢段階に標準的に要求される機能に比較して，他人との日常生活に使われる言葉を活用しての会話はほぼ可能であるが，抽象的な概念を使った会話などになると，その理解が困難な程度の者となる。

　同時に，家庭生活や学校生活におけるその年齢段階に標準的に求められる食事，衣服の着脱，排せつ，簡単な片付け，身の回りの道具の活用などにほとんど支障がない程度である。

（「教育支援資料」の内容を筆者が要約・字句変更）

　小学校等には，通常の学級に在籍する児童生徒が必要な時間，特別の指導を受ける「通級による指導」という制度がある。2018年度からは義

表 5-2 特別支援教育における特別な学びの「場」と知的障害との関係

教育の「場」	対象かどうか	備　考
特別支援学校	対象である	児童等の数は対象障害の中で最多
特別支援学級	対象である	児童等の数は対象障害の中で最多
通級による指導	対象でない	

務教育段階に加えて、高等学校段階でも実施可能となっており、今後ますます注目される特別支援教育制度の一つであろう。しかしながら、学校教育法施行規則第140条に定められている通り、知的障害は通級による指導の対象にはなっていない。

以上、特別支援教育における3つの特別な学びの「場」と知的障害教育との関係を表5-2にまとめる。

3. 知的障害教育の方法

(1) 知的障害教育と学習集団

知的障害のある子どもは認知（認識）や行動等の個人差が顕著であるため、授業における学習集団の工夫が必要となる。4種類をあげてみよう。第一に生活年齢を共通とする学習集団であり、学年や学級での授業がこれにあたる。児童生徒の実態差は大きくなるが、生活年齢を大切にした教材選択などが可能となる。第二に教育的ニーズや認知発達段階などが近い学習集団である。同一学年のみならず複数学年の児童生徒から編成されることもある。国語や算数・数学など認知発達の影響の大きい授業が代表的であるが、高等部の職業や作業学習など進路と関連する授業でも積極的に編成されている。第三に障害種別による集団編成であり、よく見られるのは自閉症（ASD）の学習集団である。自閉症は社会性の困難や認知特性があり、それに応じた指導・支援が求められる。東京

都立特別支援学校（知的障害）小・中学部における自閉症学級と「社会性の学習」は全国的に有名である。第四に個別指導である。障害による学習上または生活上の困難を克服し自立を図る自立活動のほか，習熟度別の国語や算数・数学など，個に応じた指導・支援が強く求められる場合，この形態となる。しかし教員体制など実施が難しい場合が少なくない。

（2）　交流及び共同学習における知的障害教育

　障害者である児童生徒と障害者でない児童生徒がともに行う学習や活動を交流及び共同学習と呼ぶ。特別支援学校（知的障害）では，大別して2つの交流及び共同学習が行われている。第一は，近隣を中心とする小学校等と学校間で行うものである。小学校等では総合的な学習の時間，特別支援学校（知的障害）では生活単元学習など教育課程に位置づけられた授業として行われるもののほか，特別支援学校高等部と高等学校における放課後の部活動での交流なども見られる。第二は，特別支援学校在籍児童生徒の居住地域の小学校等と行うものである。子どもが授業や学校行事に参加する直接交流から，手紙や学校便りの交換などの間接交流まで幅広く行われている。また，特別支援学級においては，校内にある通常の学級の授業に参加して教科等を学んだり，ともに学校行事に参加したりする取組がある。

（3）　特別支援学校学習指導要領における知的障害教育

　特別支援学校学習指導要領では，知的障害者である児童生徒に対する教育課程編成のための教科等（知的障害の各教科等）が示されている（詳しくは本書第13章参照）。小学部は各教科（生活，国語，算数，音楽，図画工作，体育），特別の教科道徳，外国語活動（新学習指導要領から

開始），特別活動，自立活動，中学部は各教科（国語，社会，数学，理科，音楽，美術，保健体育，職業・家庭，外国語），特別の教科道徳，総合的な学習の時間，特別活動，自立活動，高等部は各教科（国語，社会，数学，理科，音楽，美術，保健体育，職業，家庭，外国語，情報，家政，農業，工業，流通・サービス，福祉），道徳（特別の教科道徳），総合的な学習の時間，特別活動，自立活動である。

　指導は領域・教科別に行うほか，学校教育法施行規則第130条の２にある通り，各教科等を合わせて授業を行うことも認められている。４つの実践がある。第一は日常生活の指導で，子どもの日常生活が充実し，高まるように日常生活の諸活動を適切に指導する。第二は遊びの指導で，遊びを学習活動の中心に据えて取り組み，身体活動を活発にし，仲間とのかかわりを促し，意欲的な活動を育み，心身の発達を促す。第三は生活単元学習で，子どもが生活上の目標を達成したり，課題を解決したりするために，一連の活動を組織的に経験することによって，自立的な生活に必要な事柄を実際的・総合的に学習する。第四は作業学習で，作業活動を学習活動の中心にしながら，子どもの働く意欲を培い，将来の職業生活や社会自立に必要な事柄を総合的に学習する。なお，新学習指導要領からは，児童生徒の習得状況等の実態に応じて，知的障害の各教科等に位置づけつつ，個別の指導計画に基づいて，小学校等の各教科の目標及び内容を参考に指導ができることとなったことは理解しておきたい。

　特別支援学級では，次の３つの水準で児童生徒の習得状況や既習事項等の実態把握を行い，実態に応じた教育課程を編成することとなっている。第一は当該学年の各教科等の目標及び内容が適切かどうか，第二は当該学年より前の各学年（下学年）の各教科等の目標及び内容が適切かどうか，第三は知的障害の各教科等が適切かどうかである。また，新学習指導要領では，特別支援学級の教育課程編成において自立活動を取り

第5章　知的障害と教育　│　**89**

入れることも明記された。

（4）　授業における教材・教具と配慮・支援

　知的障害教育だけではないが，障害のある幼児児童生徒については個別の教育支援計画と個別の指導計画を作成・活用した指導・支援が求められる。特別支援学校在籍者のみならず，平成29年度告示の新学習指導要領では特別支援学級在籍者にも作成が義務づけられた。

　知的障害教育の内容・方法の工夫については，「教育支援資料」に次のようなものが示されている。

---

① 教育内容
　1）　学習上または生活上の困難を改善・克服するための配慮
　　　実生活につながる技術や態度を身につけられるようにし，社会生活上の規範やルールの理解を促す指導を行う。
　2）　学習内容の変更・調整
　　　知的発達の遅れにより，全般的に学習内容の習得が困難な場合があるため，理解の程度に応じた学習内容の変更・調整を行う（焦点化，基礎的・基本的な学習内容の重視，生活上必要な言葉等の意味の理解等）
② 教育方法
　1）　情報・コミュニケーション及び教材の配慮
　　　わかりやすい指示や教材・教具の提供（文字の拡大や読み仮名の付加，話し方の工夫，文の長さの調整，具体的な用語，動作化や視覚化，絵カードや文字カード，数え棒，パソコンの活用等）
　2）　学習機会や体験の確保
　　　実際的な生活に役立つ技術や態度の習得が困難であるため，調理実習や宿泊学習等の具体的な活動場面において，家庭でも生かすことのできる力が向上するよう指導する。学習活動が円滑に進むよう，図や写真を活用した日課表や活動予定表等を活用し，自主的に判断

し見通しをもって活動できるように指導を行う。
3）　心理面・健康面の配慮
　　友人関係を十分に形成できないことや，年齢が高まるにつれて友人関係の維持が困難になることもあるため，学級集団の一員として所属意識がもてるように学級全体で取り組む活動を工夫する。自尊感情や自己肯定感，ストレス等の状態を踏まえた適切な対応を図る。
（「教育支援資料」の内容を筆者が要約・字句変更）

4．知的障害教育の実践的課題

（1）　就学支援と学びの場の柔軟な変更

　現行就学制度が，知的障害の程度が学校教育法施行令第22条の3に該当した子ども全員が特別支援学校に就学する制度ではないことは先に論じた。障害の状態の把握とともに，保護者・子ども本人の教育的ニーズや地域・学校の教育体制等に応じた適切な就学先（学びの場）が求められている。それに加えて，就学後も教育的ニーズや教育体制の変化等に応じて柔軟に学びの場を変更しうるための，継続的な転学・入学支援が必要である。「多様な学びの場の連続性」という理念にあるように，通常の学級，特別支援学級，特別支援学校それぞれの教育の充実とあわせて，教育的ニーズ等に応じた三者間の柔軟な就学・転学・入学システムを充実させる必要がある。その際に重要となるのが，一つは交流及び共同学習の推進であり，とりわけ居住地域の学校における活動や学習の充実・推進である。もう一つが，特別支援学級でも作成が義務付けられた個別の教育支援計画であり，保護者・本人のニーズの把握，学校・学年間の円滑な引継ぎ等での効果的な活用方法の検討が必要である。

（2） 各教科等の学びの連続性の保障

　上に述べた知的障害教育における「多様な学びの場の連続性」と柔軟な就学・転学・入学を考えると，それぞれの学びの場における各教科等の目標や内容もまた連続させる必要がある。新学習指導要領では，小学校等の各教科等と知的障害の各教科等の目標や内容の構造はよく類似したものとなった。通常の学級では，子どもの困難さに応じた工夫・配慮をすべての教科等で行うことが定められ，特別支援学級においては，学年相当の各教科等，下学年の各教科等，知的障害の各教科等で，実態に応じた教育課程の編成が求められている。特別支援学校（知的障害）においても，必要な場合には，小学校等の各教科の目標及び内容を参考に指導ができることとなり，理論上は小学校等の教科等と知的障害教科等の学びの連続性が保障されることとなった。このことを実質的なものにしていくためには，教育方法・内容におけるさらなる工夫や配慮，個別の指導計画の作成・活用に基づく適切な指導と評価，そして，個別の教育支援計画による学校・学年間の引継ぎなどの活用等が重要である。

（3） 高等部の多様化とキャリア教育の充実

　特別支援学校（知的障害）高等部の生徒増について先に述べたが，このことは，高等部のキャリア教育の推進や生活指導の充実等とよく関連している。各都道府県教育委員会は，高等部単独校の増設，高等学校内分教室の設置など様々な取組を行っているが，まだ十分ではない。今後は必要な数の速やかな設置が求められる。また，生徒の障害の状態や教育的ニーズはますます多様化しており，それに応じた特色ある学校や学科・コースの設置，多様な教育課程などが求められている。たとえば，東京都立特別支援学校（知的障害）高等部における就業技術科や職能開発科という進路を見据えた学科の設置，あるいは高等部普通科で設定さ

れている教育課程類型化などは参考となる取組だろう。一方で，キャリア教育と職業教育は同義ではない。職業スキルはもちろんだが，それ以外に家庭生活，地域生活，余暇活用，支援利用，社会参加など，生徒一人ひとりが主権者として，自分らしく，幸せな人生を歩み続けるために必要となる教育内容を考えていくことが求められている。

参考文献

アメリカ精神医学会原著，日本精神神経学会監修（2014）『DSM-5　精神疾患の診断・統計マニュアル』医学書院

米国知的・発達障害協会編，太田俊己・金子健・原仁・湯汲英史・沼田千妤子訳（2012）『知的障害（第11版)』日本発達障害福祉連盟

松為信雄・奥住秀之監修（2014）『これでわかる発達障害のある子の進学と就労』成美堂出版

文部科学省（2013）「教育支援資料」

文部科学省（2017）「特別支援教育資料（平成28年度)」

文部科学省（2009）「特別支援学校小学部・中学部・高等部学習指導要領」

文部科学省（2017）「特別支援学校小学部・中学部学習指導要領」

6 | 肢体不自由と教育

村山　拓

《目標＆ポイント》　肢体不自由児の障害特性，心理特性，社会的理解について，脳性まひ児の例を中心に概観する。あわせて，肢体不自由特別支援学校における教育課程の類型の特徴を学び，同学校での障害の重複化等，教育実践上の課題について検討する。
《キーワード》　脳性まひ，障害の重度化・重複化，日常生活動作，自立活動

1. 肢体不自由とは

（1）　肢体不自由の定義

　まず，特別支援教育で肢体不自由という語がどのような意味で用いられているかを確認しておきたい。肢体不自由とは，四肢（左右の手〜腕と足・脚）と体幹（いわゆる胴体。ただし内臓を含まない）の永続的な障害のある状態を指す言葉で，もともとは，昭和初期に東京大学医学部の整形外科医，高木憲次によって提唱されたといわれている。現在は学校教育法や身体障害者福祉法で規定されている。他の障害のように「○○障害」という表記と同様に，運動障害や身体障害という語を用いることもあるが，日本の学校教育では肢体不自由という語が用いられてきた。

　文部科学省初等中等教育局特別支援教育課『教育支援資料』（2013年10月）では，肢体不自由とは「身体の動きに関する器官が，病気やけがで損なわれ，歩行や筆記などの日常生活動作が困難な状態」と説明され

ている。

肢体不自由とは一言でいうと，四肢と体幹の姿勢と運動機能の障害ということになる。そして，肢体不自由児は，上肢，下肢あるいは体幹の運動や動作の障害のために，起立，歩行，階段の昇降，椅子に座ること，物（教材等）の持ち運び，（教室での）机上のものの扱い，筆記（書写等も含む），食事，衣服の着脱，排泄等，日常生活や学校で頻繁に行われる学習上の運動・動作に困難がある。なお，この困難は全般的なものから一部の困難まで含まれる（「全部または一部に困難がある」という言い方をすることが多い）。また，これらの動作は，起立や歩行など，下肢の機能や平衡機能に関するもの，机上のものの扱いや筆記，食事等の上肢機能や目と手の協応機能に関するもの，物の持ち運びや衣服の着脱のように，身体機能の全般に関するもの，と様々である。

また，前掲の『教育支援資料』では，肢体不自由の程度について，「一人一人異なっているため，その把握に当たっては，学習上又は生活上どのような困難があるのか，それは補助的手段の活用によってどの程度軽減されるのか，といった観点から行うことが必要である」とも説明されている。肢体不自由とされる子どもの障害や発達の状態には，様々な実態が含まれていることにも留意してもらいたい。

（2）　特別支援教育の対象となる肢体不自由児の状態

肢体不自由に様々な実態が含まれるのとかかわって，肢体不自由児が学ぶ学校環境も様々である。まず本項では，肢体不自由児の発達特性を明確にするために，特別支援学校や特別支援学級等で学ぶ肢体不自由児の実態について，基本的な内容を確認したい。

特別支援学校に入学する子どもの障害の程度の目安を示した，学校教育法施行令第22条の３では，肢体不自由は**表6-1**のように説明されて

第6章 肢体不自由と教育 | **95**

表6-1　学校教育法施行令第22条の3における肢体不自由

| 一　肢体不自由の状態が補装具の使用によつても歩行，筆記等日常生活に |
| おける基本的な動作が不可能又は困難な程度のもの |
| 二　肢体不自由の状態が前号に掲げる程度に達しないもののうち，常時の |
| 医学的観察指導を必要とする程度のもの |

いる。

　この法令で用いられている表現について，前掲の『教育支援資料』に
基づいて何点か補足をしておきたい。

　まず「補装具」とは，「身体の欠損又は身体の機能の損傷を補い，日
常生活又は学校生活を容易にするために必要な用具」とされており，具
体的な例としては，義肢（義手，義足），装具（上肢装具，体幹装具，
下肢装具），座位保持装置，車いす（電動車いす，車いす），歩行器，頭
部保護帽，歩行補助つえ等があげられている。それらを使用しても，学
校等の生活場面で行われる，歩行，食事，衣服の着脱，排泄といった身
辺処理動作や，筆記，描画といった学習活動のための動作などが困難に
なる場合が想定されている。

　そして，同資料では「不可能」と「困難」についても，その違いを説
明している。前者は，「肢体不自由のために歩行，筆記等日常生活にお
ける基本的な動作が全くできない状態」であることを示し，後者は「肢
体不自由はあっても何とか目的的に運動・動作をしようとはするものの，
同年齢の子供に比較して，その速度や正確さ又は継続性の点で実用性に
欠け，学習活動や移動等に支障が見られる状態」を示しているという。

　そして，肢体不自由児の中には，小・中学校に設置されている特別支
援学級で学ぶ子どももいる。文部科学省初等中等教育局長通知によって，
特別支援学級で学ぶ子どもの肢体不自由の程度の目安は**表6-2**のよう

表6-2　特別支援学級で学ぶ肢体不自由児の障害の目安

補装具によっても歩行や筆記等日常生活における基本的な動作に軽度の困難がある程度のもの <div align="right">（2013年10月4日付25文科初第756号初等中等教育局長通知）</div>

に示されている。

　ここで用いられている「軽度の困難」とは，「特別支援学校（肢体不自由）への就学の対象となる程度まで重度ではないが，例えば，筆記や歩行等の動作が可能であっても，その速度や正確さ又は持続性の点で同年齢の子供と比べて実用性が低く，学習活動，移動等に多少の困難が見られ，小・中学校における通常学級での学習が難しい程度の肢体不自由」のある状態を指すとされている（『教育支援資料』より）。

　また，「通級による指導」で学ぶ肢体不自由児については，法令においては，学校教育法施行規則第140条における「その他障害のある者で，この条の規定により特別の教育課程による教育を行うことが適当なもの」に含まれると考えることができるが，その通級を利用する肢体不自由児の障害の程度の目安は**表6-3**のように示されている。

　このように通級による指導を利用する肢体不自由児については，適切な配慮等を受けながら，学校生活の多くの時間は通常の学級での学習にあてられる子どもであるが，「運動・動作の状態や感覚・認知機能の改善・向上を図るための特別な指導が一部必要な子どもを指す」と説明さ

表6-3　通級による指導を利用する肢体不自由児の障害の程度の目安

肢体不自由の程度が，通常の学級での学習におおむね参加でき，一部特別な指導を必要とする程度のもの <div align="right">（2013年10月4日付25文科初第756号初等中等教育局長通知）</div>

れている（『教育支援資料』より）。

2. 肢体不自由に関連する代表的疾患

肢体不自由は医学的な原因にかかわらず，広くその状態像に基づいて定義されている。そのため，その原因や疾患も多様である。本節では，その代表的なものとして，脳性まひ，進行性筋ジストロフィー症，二分脊椎について紹介するが，その他，脊髄側弯症，先天性骨形成不全などもある。

（1） 脳性まひ

肢体不自由に関連する疾患として最も多いのは脳原性疾患であり，約7割がそれに相当するといわれている。その大部分が脳性まひである。

脳性まひは，厚生省（当時）の定義（1968年）によると「受胎から新生児期（生後4週間未満）の間に生じた脳の非進行性病変に基づく，永続的な，しかし変化しうる運動及び姿勢の異常である。ただ，その症状は2歳までに出現する。進行性疾患や一過性運動障害または正常化するであろうと思われる運動発達遅延は除外する」とされている。

現在は発生率は概ね1,000人に2名程度で，発生原因としては，胎児期から周産期の何らかのトラブルが多く報告されている。まず胎児期では，母体の疾患や胎内期無酸素症など，周産期（妊娠22週目から生後1週間まで）では，無酸素症や脳外傷，脳出血など，出生後では頭部外傷や感染，低酸素症などが指摘されている。脳の形成不全や無酸素・低酸素による脳へのダメージ，外傷などが多いとされる。

脳性まひは，その病態から痙直型，アテトーゼ型，失調型に分類される。痙直型とは，緊張が強まることで四肢のつっぱりがあり，身体を円滑に動かすことが困難である。特に股・膝関節の屈曲や両足の交差など

の緊張が見られる。筋肉が硬直し，関節の柔軟性が低下していることも
あり，歩行姿勢等にも不自然さが見られる場合が多い。アテトーゼ型は，
意志とは無関係に身体が動いてしまう不随意運動による緊張が見られ，
多くの場合四肢まひになりやすい。

　発話の特徴は，ことばが身体や精神の緊張状態に影響され，呼吸のリ
ズムが崩れたり，声帯の安定した緊張が保てずに声が出なかったり，急
に出てきたりと特異的な発声の問題が見られるという。声質は力み（努
力性嗄声），ガラガラ（粗ぞう性嗄声），息漏れ（気息性嗄声），弱々し
い（無力性嗄声）などの声が不規則に生じる。構音は，ほとんどの音に
歪みが出て，音の誤りなども見られる。また，頭の音が出にくかったり，
音の繰り返しがあったり，リズムやアクセントが崩れたりすることもあ
る。話し言葉全般に異常が見られることも少なくない。

　脳性まひの場合，まひのおこる部位に応じた分類も用いられている。
具体的には，身体の半側にまひの見られる片まひ，左右の上肢と左右の
下肢にまひの見られる四肢まひ，四肢まひの中でも下肢まひの強い場合
を両まひ，左右の下肢にまひが見られる対まひ，四肢まひの中でも上肢
のまひの強い場合を重複片まひ，などと呼んでいる。特別支援学校（肢
体不自由）で多く見られるのは四肢まひと両まひである。四肢まひは上
肢と下肢の双方にまひが見られることから，立位や歩行といった粗大運
動と，身体各部の協調運動や微細なコントロール，巧緻性を必要とする
微細運動の双方に困難が見られる場合が多い。両まひの場合は，上肢の
まひが比較的軽度であることから，手すり等につまかって歩行すること
が可能な場合も少なくない。このように，脳性まひの場合，まひの部位
によって姿勢や運動の困難が異なる様相を見せるため，それに応じた支
援の内容，留意点，指導計画の作成の方針等も異なってくることから，
まひの部位による分類も実践的に活用されている。

（2） 進行性筋ジストロフィー症

　進行性筋ジストロフィー症（以下，筋ジストロフィー）とは，筋線維の壊死・再生を主病変とし，進行性の筋力低下をきたす遺伝子の疾患と定義され，それらの総称としてこの語が用いられている。遺伝子の変異により，筋タンパク質の機能異常が見られ，細胞機能の障害，筋肉の変性・壊死，筋量の減少，線維化，脂肪化を経て，筋力の低下，各種の機能障害をもたらすものである。筋ジストロフィーは，運動機能の低下や不全を主な症状とするが，拘縮・変形，呼吸機能障害，心筋障害，嚥下機能障害，消化管症状，骨代謝異常，内分泌代謝異常，眼症状，難聴，中枢神経系障害等の様々な機能障害や合併症を伴うものである。

　最も発症頻度の高いデュシェンヌ型筋ジストロフィーの場合，3歳ころから歩行開始の遅れや，転びやすい，走れない，段差があっても飛び降りない，階段の昇降を嫌がるといった運動発達の遅れなどから発症に気付かれることが多いが，血液検査などによって自覚症状や観察される症状が見られる以前に発見される場合もある。歩行時に尖足歩行となり，運動後に筋痛を訴えることが少なくなく，5歳ころから運動機能は徐々に低下して，10歳ころに歩行が困難，12歳ころまでに車椅子使用となり，脊柱側弯，腰椎前弯，足，股，膝，間接，手，肘関節等の拘縮が進む。その後，呼吸機能の低下や心臓機能の低下（14歳を過ぎるころには3分の1の患者に心筋障害が認められるという）が現れるようになる。呼吸不全と心筋障害が主な死亡原因となっている。有病率は，10万人あたり3〜5人程度とされる（日本神経学会，2009）。

（3） 二分脊椎

　二分脊椎（症）とは，胎児初期（4〜5週）に神経管の下部で閉鎖不全が起こることによって脊椎が二分したもので，生まれつき脊椎の癒合

が完全に行われず，一部開いたままの状態になる疾患である。下肢の知覚性まひと運動性まひ等が現れ，知的障害を伴う場合もある。二分脊椎は，その特徴から開放性二分脊椎と潜在性二分脊椎とに分類される。前者は，脊椎の背中側の骨が一部開いているために，脊髄などの神経組織や髄膜の一部が背中に瘤のように現れる。その部分は皮膚に覆われていないため，生後直後に修復術が行われる。歩行不可能な程度の子どもから，走ることも可能な子どもまで，その状態像も様々である。

　発症率は，出生数1万人に対して3〜6人程度といわれている。また，成人期以降の患者数は200〜300人と推計されている（日本小児科学会，2016）。また，二分脊椎は運動機能障害のほかに直腸膀胱障害や水頭症，感覚障害などの合併症が見られ，それぞれの専門的な治療も必要とされる。直腸膀胱障害の場合，間欠導尿や浣腸・洗腸による排泄管理（泌尿器科領域），水頭症の場合はシャント手術（余分な髄液量を生理的に適切な範囲で他の体腔に流すシャントチューブを挿入する）が代表的である。

3. 肢体不自由児の教育：内容面の課題

（1）　肢体不自由児の発達特性と実態把握

　肢体不自由児は，姿勢の保持にも困難をきたすことが多く，安定した姿勢の獲得が重要な課題となっている。たとえば，肢体不自由児の身体機能を観察する際，立位，座位，側臥位，腹臥位，背臥位等の体位の保持が可能かどうか，また姿勢の変換（寝返りや立ち上がり）の可否，移動運動（ひとり歩き，つかまり立ち，這い這いなど）の可否，手の操作（物をつかむ，握る，つまむ，持ち換えるといった動作）の可否などをアセスメントすることが必要である。これらの状態の把握を通して，適切な学習課題と学習環境，補装具等の活用を検討する必要がある。

同様に，睡眠や覚醒といった生活リズムや，日常生活動作，学習場面で重要となる作業能力の把握も基本的な観点として留意したい。日常生活動作については，食事や排泄，衣服の着脱等がそれにあたる。学年が上がり，生活世界も広がるのにあわせて，移動手段の活用も含まれてくる。また作業能力については，粗大運動の状況や，道具・用具の使用に関する手指の操作性，巧緻性，筆記・書写の能力の状態（文字の大きさ，筆記の速度）等を把握することによって，自助具や補助具，コンピュータ，ICT などの代替器具の活用の可能性を検討したい。

　さらに，意思の伝達や認知の能力についてもアセスメントが必要である。言語による理解，コミュニケーションの手段の獲得，言語や数量の概念，形や位置関係といった認知能力の向上が学習課題となることはいうまでもないが，肢体不自由児の障害の状態や生活経験等により，その実態も多様である。たとえば脳性まひの子どもの場合に，視知覚認知に課題があり，対象物を空間的・立体的に知覚することや，視覚的世界の図と地の弁別，対象物の奥行きや見えていない部分を推測することが苦手である場合が少なくない。また，脳性まひの子どもについては，脳損傷が運動機能以外にも及んでおり，知的障害をあわせもっている場合や，運動の制約のために十分な生活経験を積んでおらず，年齢相応の知的発達が表面上は観察されないケースなども見られる。

　加えて，肢体不自由児の心理面での発達にも留意が必要である。たとえば，自分の障害をどのように理解しているか（理解の程度，障害受容の状態，援助を要請する手段の獲得状況など），障害に対する本人の意識（障害を補う工夫や努力の姿勢等），自立への意識（自尊感情，主体的，積極的に動こうとする意識等），対人関係（コミュニケーション能力，協調性等），学習意欲など（姿勢保持や着席行動，主体性などの学習態度，集中力の維持等）である。これらも肢体不自由の状態だけでなく，生活

経験や本人の心理，情緒面の特性ともかかわって，多様な実態を見せている。

このように，肢体不自由児の発達の状態は非常に幅広いが，個々の児童生徒について丁寧な実態把握を通して，適切な学習課題の設定や指導方法の検討につなげたい。

（2） 肢体不自由児の学習指導

第1節で確認したように，肢体不自由児はその障害や発達の状態等により学習する場が様々である。指導方法，指導内容も多岐にわたるが，本章では紙幅の都合もあり，自立活動の学習指導について紹介する。

自立活動とは，特別支援学校で指導される，障害による課題の改善のための領域である。特別支援学校小学部・中学部の学習指導要領では，「個々の児童又は生徒が自立を目指し，障害による学習上又は生活上の困難を主体的に改善・克服するために必要な知識，技能，態度及び習慣を養い，もって心身の調和的発達の基盤を培う」ことを目的とするものと説明されている（文部科学省，2018）。学習指導要領では，**表6-4**の通り，項目が示されているにとどまるので，個々の児童生徒の実態に応じた，具体的な学習・指導内容を，個別の指導計画等を活用しながら策定することになる。

肢体不自由児の運動・動作の困難の程度は，一人ひとり異なっているので，その把握にあたっては，個々の姿勢や身体の動かし方，バランス感覚やボディイメージなど運動を円滑に行う際に基礎となる能力の特徴を知る必要がある。運動・動作の困難は，姿勢保持の工夫と運動・動作の補助的手段の活用によって軽減されることが少なくないため，それらの活用も含めた学習内容，教材等のデザインが必要である。

さらに肢体不自由教育の実態については重度化，重複化が進んでいる

第6章　肢体不自由と教育　| **103**

表6-4　学習指導要領に示されている自立活動の内容

1．健康の保持
（1）　生活のリズムや生活習慣の形成に関すること。
（2）　病気の状態の理解と生活管理に関すること。
（3）　身体各部の状態の理解と養護に関すること。
（4）　障害の特性の理解と生活環境の調整に関すること。
（5）　健康状態の維持・改善に関すること。
2．心理的な安定
（1）　情緒の安定に関すること。
（2）　状況の理解と変化への対応に関すること。
（3）　障害による学習上又は生活上の困難を改善・克服する意欲に関すること。
3．人間関係の形成
（1）　他者とのかかわりの基礎に関すること。
（2）　他者の意図や感情の理解に関すること。
（3）　自己の理解と行動の調整に関すること。
（4）　集団への参加の基礎に関すること。
4．環境の把握
（1）　保有する感覚の活用に関すること。
（2）　感覚や認知の特性についての理解と対応に関すること。
（3）　感覚の補助及び代行手段の活用に関すること。
（4）　感覚を総合的に活用した周囲の状況についての把握と状況に応じた行動に関すること。
（5）　認知や行動の手掛かりとなる概念の形成に関すること。
5．身体の動き
（1）　姿勢と運動・動作の基本的技能に関すること。
（2）　姿勢保持と運動・動作の補助的手段の活用に関すること。
（3）　日常生活に必要な基本動作に関すること。
（4）　身体の移動能力に関すること。
（5）　作業に必要な動作と円滑な遂行に関すること。
6．コミュニケーション
（1）　コミュニケーションの基礎的能力に関すること。
（2）　言語の受容と表出に関すること。
（3）　言語の形成と活用に関すること。
（4）　コミュニケーション手段の選択と活用に関すること。
（5）　状況に応じたコミュニケーションに関すること。

ことが知られている（第10章参照）。このことは，一人ひとりの子ども
に即した教育体制を整備し，肢体不自由教育にかかわる教育内容や教育
方法などを充実・改善する必要があることを示唆している。

参考文献

木舩憲幸（2011）『脳性まひ児の発達支援　調和的発達を目指して』北大路書房
日本小児科学会小児慢性疾病患者の移行支援ワーキンググループ（2016）『小児期
　発症慢性疾患を有する患者の成人期移行に関する調査―各領域の代表的な疾患に
　おける現状と今後の方向―』
日本神経学会監修（2009）『神経疾患の遺伝子診断ガイドライン　2009』医学書院
文部科学省（2018）『特別支援学校幼稚部教育要領　小学部・中学部学習指導要領』
　海文堂出版
文部科学省初等中等教育局特別支援教育課（2013）『教育支援資料』

7 | 病気の子どもと教育

高橋　智

《目標＆ポイント》　病気の子どもの教育のしくみ，方法，実践的課題についての理解をはかることを目標とする。とくに病気の子どもの「生活の質（QOL）＝遊び，学び，笑い，友達，家庭の保障」を高め，発達を保障していく教育ケアや発達支援のあり方について，国内外の実践や最新の研究成果を紹介しながら検討していく。
《キーワード》　病気療養児，病弱教育，特別支援学校（病弱），病弱・身体虚弱特別支援学級，生活の質（QOL），スウェーデン，ホスピタルプレイセラピー，プレパレーション，発達支援

1. 病弱・身体虚弱教育とは

　病気の子どもの教育について，文部科学省は「病弱・身体虚弱教育」と定め，「病弱とは，慢性疾患等のため継続して医療や生活規制を必要とする状態，身体虚弱とは，病気にかかりやすいため継続して生活規制を必要とする状態」と定義している。病弱・身体虚弱教育の主たる教育の場として「特別支援学校（病弱）」と「病弱・身体虚弱特別支援学級」があるが，その概要について文部科学省は次のように記述している（文部科学省「特別支援教育について」http://www.mext.go.jp/a_menu/shotou/tokubetu/004/005.htm）。

　【特別支援学校（病弱）】

　　病気等により，継続して医療や生活上の管理が必要な子どもに対

して，必要な配慮を行いながら教育を行っています。特に病院に入院したり，退院後も様々な理由により小中学校等に通学することが難しい場合は，学習が遅れることのない様に，病院に併設した特別支援学校やその分校，又は病院内にある学級に通学して学習しています。

　授業では，小・中学校等とほぼ同じ教科学習を行い，必要に応じて入院前の学校の教科書を使用して指導しています。自立活動の時間では，身体面の健康維持とともに，病気に対する不安感や自信の喪失などに対するメンタル面の健康維持のための学習を行っています。治療等で学習空白のある場合は，グループ学習や個別指導による授業を行います。病気との関係で長時間の学習が困難な子どもについては，学習時間を短くするなどして柔軟に学習できるように配慮しています。

　退院後も健康を維持・管理したり，運動制限等のために，特別支援学校の寄宿舎から通学又は自宅から通学し学習をする子どももいます。通学が困難な子どもに対しては，必要に応じて病院や自宅等へ訪問して指導を行っています。

【病弱・身体虚弱特別支援学級】

　入院中の子どものために病院内に設置された学級や，小・中学校内に設置された学級があります。病院内の学級では，退院後には元の学校に戻ることが多いため，元の学校と連携を図りながら各教科等の学習を進めています。教科学習以外にも，特別支援学校と同様に身体面やメンタル面の健康維持や改善を図る学習を行うこともあります。

2. 病気の子どもの教育の現状

　文部科学省は2013年3月，「近年，医療の進歩等による入院期間の短期化や，短期間で入退院を繰り返す者，退院後も引き続き治療や生活規制が必要なために小・中学校等への通学が困難な者への対応など，病弱・身体虚弱の幼児児童生徒で病院等に入院又は通院して治療を受けている者（以下「病気療養児」という。）を取り巻く環境は，大きく変化してい」るとして，それに対応するために「病気療養児に対する教育の充実について（通知)」を発表した。

　その主たる内容の第一は，「小児がん拠点病院の指定により，市町村や都道府県を越えて小児がん拠点病院に入院する病気療養児の増加に伴い，転学及び区域外就学に係る手続の増加や短期間での頻繁な入退院の増加が予想されることなど」への対応であり，具体的には，①教育委員会等は「病気療養児の転学及び区域外就学に係る手続について」「可能な限りその簡素化を図るとともに，それらの手続きが滞ることがないよう」にすること，②「入院中の病気療養児の交流及び共同学習についても，その充実を図る」こと，③「後期中等教育を受ける病気療養児について，入退院に伴う編入学・転入学等の手続が円滑に行われるよう，事前に修得単位の取扱い，指導内容・方法及び所要の事務手続等について関係機関の間で共有を図り，適切に対応すること」，④「病弱者を対象とする特別支援学校は，幼稚園・小学校・中学校・高等学校又は中等教育学校の要請に応じて，病気療養児への指導に係る助言又は援助に努めること」等が要請されている。

　第二は，「病院を退院後も通学が困難な病気療養児への対応」であり，「通学が困難な病気療養児の在籍校及びその設置者」は，①「当該病気療養児の病状や教育的ニーズを踏まえた指導が可能となるよう，病弱者

を対象とする特別支援学校，小・中学校の病弱・身体虚弱特別支援学級，通級による指導などにより，当該病気療養児のための教育環境の整備を図ること」，②「当該病気療養児に対する指導に当たり，訪問教育やICT等を活用した指導の実施などにより，効果的な指導方法の工夫を行うこと」，③「退院後にあっても当該病気療養児への教育への継続が図られるよう，保護者，医療機関，近隣の特別支援学校等との十分な連携体制を確保すること」等が要請されている。

その後，文部科学省が実施した「長期入院児童生徒に対する教育支援に関する実態調査」(2015) によれば，2013年度中に病気やけがにより長期入院（延べ30課業日以上）した児童生徒は延べ約6,300人であり，そのうち2,520人に対して学習支援が行われていなかった。その理由として，治療に専念するためや病院側の指示・感染症対策のほか，教員・時間の確保が難しいことや病院が遠方であることなどがあげられている。

文部科学省「病気療養児に対する教育の充実について（通知)」において示されていることは，いずれも現代の日本の病気の子どもの教育において解決が求められている課題であるが，この分野の先進国スウェーデンでは病気の子どもの教育がどのように進められているのかについて次に見ていく。いずれも筆者が長年，継続的に訪問調査研究を行っている事例である。

3. スウェーデンにおける病気の子どもの教育とケア

（1）　病気の子どもの教育保障の概況

スウェーデンでは学校教育法において，事情により学校に通学ができない場合は「病院等あるいは子どもの自宅又はその他の適切な場所で，特別指導が提供されなければならない」と規定されている。病気の子ど

もの教育は「子どもの教育ニーズが存在している場所において支援を準備する」という方針のもとに，病院内の病院内学校（ホスピタルスクール）や病院内学級（ホスピタルクラス），訪問教育，個別の配慮・指導によって実施されている。

病院に入院している子どもの教育は，居住地の在籍校と病院内学校・学級が連携しながら保障しているが，子どもの教育に関する責任は基本的には居住地の在籍校にある。入院中の子どもの場合，病気への配慮はあるが，あくまでも通常の教育のカリキュラムを病院内学校と病院内学級において行う。ただし，障害をあわせもつ子どもの場合には，特別教育のカリキュラムに従う場合がある。

「病気の子ども」を教育するというのではなく，「子どもの病」に配慮しながらも，入院中も「その子らしさ」や「日常性」を保つことが重要とされている。病院内学校・学級において学ぶ場合も居住地の在籍校からの学籍異動は行わない。

病院内学級・学校の教師は，子どもの病気に関する専門性を有しながら，個々の子どもにあわせた教育内容を提供して指導する力が求められる。そのため，特別ニーズ教育の専門職である「特別教育家（specialpedagog）」の資格を有する場合が多い。居住地の在籍校と病院内学校・学級の連絡調整の打ち合わせが週1回程度は行われ，授業の進捗状況や個人の到達目標等を確認して，居住地校の個別教育計画と病院内学校の個別教育計画を連動させる。

病気の子どものトータルケアを行うために，小児科医師，看護師，児童精神科医，心理士，病院教師（特別教育家），ホスピタルプレイセラピスト（医療チームの一員として病気の子どもたちの遊びを促進する専門職），きょうだいコーディネーター，小児科コーディネーター，ソーシャルワーカー，病院牧師など多様な専門職の連携が図られている。退

院の際は，病院のケアチームメンバーと居住地の在籍校の教師によるカンファレンスが行われ，専門の看護師が居住地の在籍校の教師・子どもへの説明を行っている。なお，病気の子どものみならず，発達障害の二次障害としての心身症や不登校に対応する教育にも注目が高まっている。

　以上，スウェーデンにおける病気の子どもの教育については，以下のような形態でなされているとまとめることができる。

① 　自宅療養中の場合，在籍校の特別教育家が自宅に派遣される。巡回指導の時間や頻度の規定は特に設けられておらず，子どもの状況・必要性に応じることができる。

② 　入院中の場合，病院内でベッドサイド指導もしくは病院内学校・学級において教育を受ける。知的障害などの障害を有する場合は，障害に応じた教育内容が保障される。大規模病院には常設の病院内学校が設置され，専任教師が配置される。病院内学校が常設されていない病院には必要に応じて病院内学級が設置され，病院近隣の学校に所属する特別教育家が対象児数やニーズに応じて派遣される。教師は可能な限り早く子どもと出会い，子どもは可能な限り早く病室から病院内学校・学級に通って学習を行う。子どもが自らの病気について学んだり，自分が受ける手術について説明を受けたりするために必要な人形やベッド，薬や注射などのおもちゃなどが教材として準備されており，これらは国の機関である教材センターが開発・受注生産している。

③ 　通常クラスにおける教育が可能な場合は，在籍校の教師が医師や看護師から子どもの病気や対応方法に関する研修を受ける。継続的に専門家と連携を図りながら，子どものニーズに最大限応じることができるように支援を行う。

（2） ストックホルム市の子ども病院と病院内教育

人口93万人のストックホルム市内における病院内学校・学級数は，①ストックホルム南総合病院サックス子ども病院における病院内学校（Sachsska barn- och ungdomssjukhuset）及び主に精神疾患・発達障害を有する子ども対象の「パノラマ学校（Panorama Skolan）」，②「ストックホルム摂食障害センター（Stockholms centrum för ätstörningar）」の摂食障害を有する子ども対象の病院内学校，③入院・外来の中間的ケアを行う「中間ケア施設（BUP Mellanvård）」のうつ・自殺・心身症等を有する子ども対象の病院内学校の合計4ヶ所である。

サックス子ども病院は，ストックホルム初の子ども病院として1911年に開設された。現在では毎年，0～18歳の入院患児5,000人と外来患児7万人を24時間体制で受け付けている。また世界最大規模の単科医科大学であるカロリンスカ研究所（Karolinska Institutet，カロリンスカ医科大学とも呼ばれる）と共同研究を行っており，同医科大学の医学生（小児医学・児童精神医学）の実習先としての機能も担う。

主な診療部局は「新生児ケア部門」「救急医療部門」「医療部門」「デイケア部門」の4つから構成され，13歳以上を対象とした特別なティーン・エイジャーユニットもある。

新生児ケア部門（早期出産，呼吸困難，低血糖，新生児黄疸，感染症，先天性欠損症等）と救急医療部門は小児緊急治療室に隣接している。親が子どもに付き添って同じ部屋に宿泊することができるが，病床数が8～10と限られているため両親ともは泊まることはできない。主なスタッフは医師，看護師，小児看護師，

図7-1　サックス子ども病院の病院内学校の学習スペース（筆者撮影）

小児アシスタント，医療救急部アシスタントであり，このほかにホスピタルプレイセラピスト，理学療法士，カウンセラー，栄養士等が所属している。子ども用の食事が提供され，親にも朝・夕に軽食が提供される。

医療部門ではチーム医療を基本とし，医師，看護師，理学療法士，心理士，病院教師（特別教育家），ホスピタルプレイセラピスト，ソーシャルワーカー，栄養士等が所属している。病床は16の個室からなり，各部屋にトイレとシャワー設備があり，入院中は保護者が常に一緒に滞在できる。年間2,000人が受診し，なるべく短期間で退院する措置がとられる。

サックス子ども病院の病院内学校は6〜18歳が対象であり，平均入院期間は1〜2週間である。入院直後から学籍を異動することなく，ベッドサイドまたは教室における授業を受けることを可能とし，学習空白を生じさせない点が重要である。居住地の在籍校と病院内学校の連絡のみでスムーズに授業を開始でき，病院という場においても子どもの学びが最大限保障されている。教師はストックホルム市職員であり，全員が特別教育家（specialpedagog）の資格を有している。

サックス子ども病院においてもホスピタルプレイセラピーは中心的活動である（ホスピタルプレイセラピーの詳細は後述）。入院していても健康な子どもと同様に「遊び・笑い」が大事にされ，「患児」ではなく「子どもらしさ」や「日常性」を保つことが，子どもの迅速な快復，円滑な入院生活，退院後の生活へのスムーズな移行のために不可欠であると考えられている。そのためにプレイルーム，ティーンエイジャー用スペース，スヌーズレン，プレパレーションルーム等が用意されている。

子どもであっても病気とともに生きる主体者として自分が置かれている状況を知り，理解する権利があるという前提のもと，これから経験する治療の流れなどについて，医療スタッフとともに人形や模型を使って

図7-2　プレパレーションの様子（ストックホルム南総合病院ウェブサイト：https://www.bjornwebben.se/se/pa_sjukhuset/lekterapi/pa_lekterapin/）

遊びながら理解をしていく「プレパレーション」をホスピタルプレイセラピーの一環として行っている。子どもが実際に受ける治療・処置について，事前に実物キットやぬいぐるみ等を使用して丁寧に学び，治療に際しての不安・緊張・ストレスをできる限り軽減していく取組である（プレパレーションの詳細は後述）。

　子どもを支える専門職スタッフとして「ホスピタルクラウン」の存在も大きい。ストックホルム市内のホスピタルクラウンの職業団体には70名が在籍しており，週に数回の割合で各病院を訪問し，入院中の子どもの心理的サポートにあたる。サックス子ども病院でインタビューをさせていただいたホスピタルクラウンは，アストリッド・リンドグレーン子ども病院など，いくつかの病院を担当していた。ホスピタルクラウンは，クラウンとしての技術や知識に加えて，子どもの病気や心理・発達に関する専門的知識が求められるため，定期的な研修に参加しながら業務を行っている。

図7-3　インタビューさせていただいたホスピタルクラウン（筆者撮影）

図 7-4 パノラマ学校の音楽活動スペース (筆者撮影)

　ストックホルム南総合病院の敷地内にあるパノラマ学校は, 主に精神疾患や発達障害 (ADHD, ASD) 等を有するために通常の学校へ通うことが難しい子どもが通うための学校であり, 対象は 6 〜 18 歳である。入院児は 12 〜 15 名, 自宅からパノラマ学校へ通学している在宅児は 10 〜 12 名であった。パノラマ学校の教師は 5 名であるが, いずれも非常勤であり, 人数自体も不足している状況にある。

　パノラマ学校の日課は, 午前に学校教育 (スウェーデン語・算数・社会・地理・歴史・宗教・英語), 午後は治療・デイサービス・グループセラピーとされている。教科学習やセラピーにおいては作業療法士・理学療法士と連携しながら授業が進められていく。パノラマ学校では, 子どもの興味に応じてテキスタイルや木工なども学ぶことができる。また子どもの母語がスウェーデン語以外の場合は, イラストや通訳を介して授業・ケアを行う体制が整えられている。

　学校に通うことが困難なケースがスウェーデン国内でも増加しており, 学校が不安・緊張・ストレス等を感じやすい場所となっている。その背景には, 急速に変化する不安定な社会状況の中で, 社会の速さに遅れないようにとか, 安定した仕事につけるかどうかという不安を抱え, 自分と他人を比べてしまいがちなことがあり, 家族からの過干渉がさらにそれを増長させている。

　パノラマ学校では「再び学校で勉強を続けられるようになるための支援」を重視しており, 子どもの興味関心に沿って気持ちを支え, 信頼で

きる教師と一緒に歩めるようにすることが重要であり，学習と治療の土台とされている。その取組の事例として，不登校と精神面から生じた身体症状を抱える高校2年生の女子生徒の場合には，サックス子ども病院に週2〜3回通いながら，担任教師へのコンサルテーションとスカイプによる授業の実施に取り組んでいた。

パノラマ学校に通ってきている子どもたちは，様々な理由で学校に通うことが困難になったケースが多くを占めるため，ここでケアを受けた後に原籍校に戻るケースはあまりないという。そこで担当者間でケース会議を行い，本人と家族で最終的な転校先を決定していくこととなる。

(3) アストリッド・リンドグレーン子ども病院におけるホスピタルプレイセラピーの実践

アストリッド・リンドグレーン子ども病院（Astrid Lindgren Children's Hospital）は，世界的な医学教育研究機関であるカロリンスカ医科大学に附置された大学病院に組み込まれる形で設置されている。病院の運営はストックホルム県からの予算に加えて，アストリッド・リンドグレーン子ども病院財団による基金のほか，個人・企業からの寄付によって実施されており，充実した予算が確保されている。このためストックホルム県内においてもスタッフ数・設備面の双方が高いレベルで維持されており，スウェーデン国内でもより先進的な医療体制を整えている。

アストリッド・リンドグレーン子

図7-5　アストリッド・リンドグレーン子ども病院外観
（筆者撮影）

ども病院には8名のホスピタルプレイスペシャリストが勤務している。全員が大学で教育学を修め，就学前学校教師資格と「特別教育家」の資格を有している。さらにホスピタルプレイスペシャリストは院内の各診療科の所属となるため，診療科に関する専門性向上のため学会等への参加も推奨されている。このようにホスピタルプレイスペシャリストは，医療・教育（特別教育）・保育のそれぞれの専門性を高いレベルで有している専門職である。またホスピタルプレイスペシャリストはコミューン（自治体）の正規職員であるため，職業的安定性が確保されている点も重要である。

　ホスピタルプレイセラピーの支援対象は0～18歳であり，アストリッド・リンドグレーン子ども病院では1日あたり50名の子どもにホスピタルプレイセラピーを実施している。医師，看護師らによるチーム医療を基本とした支援・ケアが行われ，ホスピタルプレイスペシャリストもそこに加わって活動を行う。スウェーデンのホスピタルプレイセラピーの土台には「遊びは癒やす（Leken läker）」というスローガンがあり，治療疲れを抱えている子どもに「遊びたい」という気持ちを回復させることがホスピタルプレイセラピーの目的である。

　それゆえに子どもに馴染みのあるものが題材として選定され，ゲーム・絵画・工作・砂遊び・料理など，特に五感を刺激するものが多く用いられる。医師と看護師の判断により，病状に支障がなければ入院初日からでもホスピタルプレイセラピーに参加することができ，状況に応じて遊戯室やベットサイドでも実施される。また子どもは各病状が異なるために，遊びの時間を1人で過ご

図7-6　プレイセラピー・ルームの様子（筆者撮影）

すことが多くなりがちである。そのためホスピタルプレイスペシャリストは，可能であれば子ども同士のかかわりや大人も含めた複数人でのかかわりも促すようにしている。

　ホスピタルプレイセラピーの機能は，入院中に子どもと保護者が病院で快適に過ごすための支援と，退院して日常生活に復帰する際の幼稚園や学校との連携・移行支援の2つが存在する。このため，子どもが退院して外来診察になった後も，入院中に支援したホスピタルプレイスペシャリストが継続して支援を行う体制が整えられている。また子どもの遊ぶ姿やホスピタルプレイスペシャリストとのかかわりを通して，悲観的になっている保護者の思いを明るくしたり，子どもの可能性に目を向けてもらうという観点から，ホスピタルプレイセラピーには保護者が同伴することが重視されている。

　スウェーデンでは，子どもが療養中の保護者に対して仕事を休んで看病にあたれる「看護休暇」が保障されている。看護休暇は両親保険の一部である有給休暇であり，12歳未満の子どもが病気になったとき，子ども1人につき年間120日まで認められている。このため保護者は，自身の職位や給与を心配することなく子どもの治療に専念することができ，病院側も保護者の同伴を求めやすい体制が整えられている。保護者は子どもとともに病室に泊まるか，専用の宿泊施設で子どもとともに宿泊することも可能である。

　さて，「プレパレーション」とは，子どもであっても患者として自分が置かれている状況を知り，理解する権利があるという前提のもと，これから経験する治療について，医療スタッフとともに人形や医療模型を使って遊びながら子ども自身が理解を深めていく活動を指す。

　プレパレーションはホスピタルプレイセラピーの一環として，治療により生じる不安・恐怖・緊張・抑うつ・ストレスを軽減し，治療を「劇

図7-7　胃ろうの模型をつけた人形（筆者撮影）　　図7-8　プレパレーション用の医療器具模型（筆者撮影）

的」なものにしないことが最大限求められる。プレパレーションには実際の医療行為で使用される医療器具と同じものも使われ，子どもがそれらを実際に取り扱いながら処置への理解と心理的準備を積み重ねていく。

　治療を「劇的」なものにしないためには，治療で自分に何がされるのかをきちんと明確にし，その上で遊びを通じて子どもが落ち着いて処置を受け止めることができる状況を構築していくことが要になる。このような取組は，子どもが自らの治療に「参加」することを保障し，子どもの存在を尊重することに結びついたものである。プレパレーションで用いられる人形・模型は，子どもの病状だけでなく，子どもの興味関心・認知力などに応じて幅広く用意され，子どもに最適なものが選択される。

　アストリッド・リンドグレーン子ども病院のホスピタルプレイセラピーにおいては，子どもの「動作」「動き」に着目した支援を重視している。たとえば，長期に及ぶ集中治療室での治療から一般病棟に移った重症のやけど患児などの一般的には安静を求められるような子どもにも，「動き」を積極的に取り入れた支援を行っている。

第 7 章 病気の子どもと教育 | 119

図 7-9　プレイルームに隣接した中庭（筆者撮影）

図 7-10　車いすユーザーの子どもも遊べる砂場（筆者撮影）

　これは治療が必要な子どもに対しても，本人の「遊びたい」「やりたい」という思いを引き出して尊重するという考え方が基礎になっており，体を動かして遊ぶことを子どもの発達にとって重要な治療や回復のポイントとして，生きるための力を培うことにつなげていくことが重要視されている。また子どもが自分で何かをやり始める，またそのための刺激を与えることそのものが，治癒の重要なステップとして認識されている。そのために病院内には中庭が整備されており，様々な治療経過にある子どもたちが一緒になって遊べるように遊具等も工夫がなされている。

　思春期以降のティーンエイジャーへの支援では，彼らが何気なく集まっていられるような専用の落ち着いたスペースが活用されている。また同じ病気をもっている者同士の交流の機会を重視し，ピアサポートや経験の共有につながるように支援をしている。本人の希望に合わせて，相談に乗れる専門家を招集する体制も

図 7-11　ティーンエイジャーのスペース（筆者撮影）

整えられている。

以上に見たように，スウェーデンにおけるホスピタルプレイセラピー
においては，子どもの年齢，情緒の成熟，認知発達，過去の入院経験・
治療経験，文化的背景，母語など，子どもの多様な背景と状態像に応じ
たケアが権利として保障される。近年の課題の一つとして，難民や戦争
を経験した子どもが病院を訪れるケースが増えており，過酷な経験をし
た子どもの不安・恐怖・緊張・抑うつ・ストレス等を緩和するような特
別なケアのあり方について検討が進められている。

4. 日本における病気の子どもの教育の課題

日本における病気の子どもの「生活の質（QOL）」の改善向上と発達
の保障を考えるとき，本稿で紹介してきたような入院初日からの学習支
援，プレパレーション，ホスピタルプレイセラピー・ホスピタルクラウ
ンによる「遊び・笑い」の保障による「子どもらしさ」や「日常性」を
保つことは不可欠な視点である。

小児医療における「教育・保育・遊び・笑い・友達・家族」等の療養
環境の重要性については，日本でも次第に関心が高まってきている。そ
の中でもホスピタルプレイセラピーは日本では「病棟保育」「医療保育」
と呼ばれるが，厚生労働省が2002年より医療機関の診療報酬に病棟保育
士加算を導入し，2007年には日本医療保育学会が「医療保育専門士」の
資格認定制度を開始するなど，医療と保育（教育）の協働の要として認
識され始めている状況であるといえる。

スウェーデンでは約40年前の1977年に子どもが「ホスピタルプレイセ
ラピーを受ける権利」について初めて立法化し，北欧全体でも「病院環
境にいる子どものための北欧連合（Nordic Association for Children in
Hospital：NOBAB）」が入院中の子どもの権利を擁護するために全10章

からなるガイドライン「NOBAB 憲章」を作成している。

　スウェーデンでなされているホスピタルプレイセラピーやプレパレーションは，子ども本人における理解の促進だけではなく，子どもが遊ぶ様子やセラピストとかかわる様子によって親の精神的負担の軽減も重要な役割となっており，親への心理的ケアを含めた医療看護のあり方の点からもプレパレーションが導入されていくことが一層求められている。

　子どもの主体的な治療への参加や処置への理解，子ども自身の気持ちの尊重等が，発達段階に応じて最大限保障される医療・看護，プレパレーションの実現において緊要な課題である。

　子どもに対して医師・看護師・ホスピタルプレイスペシャリスト・心理士・教師・ソーシャルワーカーらがチーム医療を実施しているスウェーデンでは，病院は治療だけではなく子どもの「生活の場」であり，QOL 向上の視点からも子どものケアがなされることが重要であるといえる。スウェーデンをはじめとした北欧諸国では特に，子どもが安心・納得して医療を受ける権利や，どこの病院でもホスピタルプレイセラピーを受ける権利が明確に保障されているが，こうした取組に学びながら，日本国内のリソースや文化等を踏まえた，子どもの治療への主体的参加の最大限の保障のあり方について早急な検討が求められている。

　日本においてホスピタルプレイセラピー及びプレパレーションを拡充していくには「医療制度における遊び支援の重要性と専門性の視座の確立」と「子どもの視点による病院環境の再構築」が重点課題であり，ホスピタルプレイスペシャリストの職業的位置付けの再検討や医療・看護と教育・保育の双方の高い専門性を担保する専門職養成システムの検討が不可欠である。

参考文献

石川衣紀・田部絢子・内藤千尋・石井智也・能田昴・柴田真緒・髙橋智（2017）「スウェーデンにおける病院内保育とホスピタルプレイセラピー―カロリンスカ大学病院アストリッド・リンドグレーン子ども病院の調査を中心に―」（『東京学芸大学紀要総合教育科学系Ⅱ』68，pp.115-124）

石川衣紀・田部絢子・内藤千尋・石井智也・能田昴・柴田真緒・髙橋智（2018）「エストニアにおける「うつ・自傷・拒食・薬物依存・愛着障害・発達障害」等の不適応・発達困難を有する子どもの発達支援―タリン子ども病院「子どもの心の健康センター」の調査から―」（『東京学芸大学紀要総合教育科学系Ⅱ』69，pp.45-56）

松本直巳・佐藤のり子・髙橋智（2012）「スウェーデンの個別教育プログラムに関する研究―「個別発達支援計画」の実践と評価に関する調査から―」（『東京学芸大学紀要総合教育科学系Ⅱ』63，pp.57-87）

髙橋智・田部絢子・石川衣紀（2018）「スウェーデンの病院における QOL 保障―北欧における子ども・若者の特別ケアの動向①―」（『内外教育』6635，時事通信社，pp.12-15）

髙橋智・田部絢子・石川衣紀（2018）「エストニアにおける精神医学的困難への支援―北欧における子ども・若者の特別ケアの動向⑧―」（『内外教育』6648，時事通信社，pp.10-13）

髙橋智・田部絢子・石川衣紀（2018）「スウェーデンの子ども病院と院内教育―北欧における子ども・若者の特別ケアの動向⑮―」（『内外教育』6664，時事通信社，pp.10-13）

8 │ 情緒障害と教育

髙橋　智

《目標＆ポイント》　情緒障害教育のしくみ，方法，実践的課題についての理解をはかることを目標とする。とくに小中高校の巡回相談，児童発達支援センター・少年院等の子どもの発達相談，児童養護施設・児童自立支援施設・少年鑑別所等の各種の調査を通して，自律神経失調，うつ・心身症，不登校・ひきこもり，被虐待・愛着障害，触法・非行等の発達上の課題・困難を有する子どもが直面している多様な不適応の実態と発達支援のあり方について検討する。
《キーワード》　情緒障害，育ちと発達の困難，うつ，心身症，不登校，ひきこもり，被虐待・愛着障害，触法・非行，不適応，発達支援

1. 情緒障害とは

　情緒障害とは，情緒の現れ方が偏っていたり，その現れ方が激しかったりする状態を，自分の意志ではコントロールできないことが継続し，学校生活や社会生活に支障となる状態を指す（文部科学省「特別支援教育について：4．それぞれの障害に配慮した教育；(7)自閉症・情緒障害教育」）。情緒障害児は，その原因や特性，特別な教育的配慮や指導内容の違いから，①発達障害に包括される自閉症及びそれに類する障害を背景に，言語発達の遅れや対人関係形成の発達困難により，社会的適応が困難な状態にある子ども，②心理的要因の関与が大きいとされる社会的適応困難の多様な状態を総称するもので，選択性緘黙，不登校，常同行動・チックなどを有する子どもに分けられる。

2. 情緒障害の教育

　情緒障害教育は特別支援学級，通級による指導等で行われている。なお従前の「情緒障害特別支援学級」は「自閉症・情緒障害特別支援学級」と名称を変更した（2009年2月文部科学省初等中等教育局長通知）。情緒障害教育では社会的適応困難の原因を十分に把握し，安心・安全な居場所の確保に努め，情緒の安定や集団適応ができるように特別な教育的配慮や指導を行う。二次的問題を防ぐためにも，本人の抱える困難・ニーズの丁寧な聞き取りと個別の教育支援計画を活用した関係機関との連携により，教育支援をきめ細やかに行うことが肝要である。

3. 現代社会における情緒障害の様相：子どもの多様な「育ちと発達の困難」

　現代の急激な社会構造の変化，家庭の経済的格差や養育困難の拡大の中で，また子どもの迷い・失敗などの試行錯誤を待てない社会の非寛容さや学校の厳しい管理統制のもとで，子どもは日々，「排除」されないように，多様な不安・恐怖・緊張・ストレス等を抱えながら現代を必死に生きている。そうした不安・恐怖・緊張・ストレス等が複雑に絡み合い，自律神経失調・心身症，抑うつ・自殺，不登校・ひきこもり・中途退学などの心身の発達困難，いじめ・暴力・被虐待，触法・非行などの多様な不適応を有する子どもも少なくない。

　以下においては，子どもが安心・安全に生きることができる生活基盤，大人になっていくために不可欠な成長・発達の条件・環境を保障されない状況＝子どもの「育ちと発達の困難」について実態を明らかにし，それに対する支援について検討していく。

　阿部（2014）は「相対的貧困が子どもに及ぼす一番の大きな悪影響は，

親や家庭内のストレスがもたらす身体的・心理的影響」とし，心のゆとりがない生活が続くことは，最悪の場合は児童虐待などにもつながり，子ども自身の健やかな成長を妨げることを指摘している。

福島ほか（2004）は，児童虐待が発生している家族の問題状況を「家族生活力量」の概念に基づいて分析し，「精神疾患から虐待が発生し，それに伴って生活困難が生じている」「不健全な夫婦関係が虐待問題をより解決困難にしている」「生活基盤が弱いことによってネグレクトが生じている」「家族形態が成立しないまま出産し，出産直後から育児放棄している」「世代間境界の曖昧さが虐待問題をより解決困難にしている」「未成熟な家族ゆえに虐待が発生している」の6つに類型化されることを提起している。

家庭の児童虐待や養育困難などの結果，児童養護施設での生活を余儀なくされている子どもには愛着障害，発達障害・軽度知的障害を有するケースも多い（後藤・池本，2008；横谷ほか，2010）。児童養護施設入所児童では「学習上・行動上に困難を抱える児童」の74.6％に被虐待経験があり（伊藤ほか，2005），被虐待経験によって発達障害の状態が増悪する可能性も指摘されている（宮本，2008）。

横谷ほか（2012）は，調査対象の児童養護施設（11施設）入所の就学児童のうち発達障害の診断・判定を受けているのは26.0％であり，「特に異性関係・性的問題行動に関して障害特性が明確に表れていると考えられるケースが多く，対応がしっかりとれない場合には触法行為や性的被害・加害者になる可能性」を指摘している。

友田（2011）は，被虐待児が「脳」と「こころ」に受けた傷は成人になってからの「不適応」や様々な人格障害の原因となりうることを指摘し，黒崎ほか（2013）は，不適切な養育環境が発達期の脳機能に与える影響として，多動性・衝動性・対人コミュニケーションの障害などに加

え，習得機能の低下，視覚的優位の認知機能特性などを示している。

　杉山（2007）によれば，被虐待の影響は幼少時には反応性愛着障害として現れ，小学生になると多動性の行動障害が目立つようになり，徐々に解離やPTSDが明確になって一部は非行に推移していく。反応性愛着障害や多動性の行動障害は，広汎性発達障害やADHDと類似の臨床的特徴を示し，生来的な発達障害であるのか，被虐待による影響であるのかについての判断が困難なケースも少なくない。

　武井ほか（2009）は，不登校を呈した高機能広汎性発達障害児の事例において「生活保護受給13.9％，母子家庭36.2％，虐待19.1％」であったことを指摘し，また髙橋・生方（2008）は発達障害本人79名への質問紙調査から，周囲の誤解・無理解や理不尽な対応によって，多様な学校不適応や希死念慮を経験していることを明らかにしている。

　竹本ほか（2016）は，いわゆる「多様な困難を抱える高校」において，在学中に発達障害や被虐待，心理的不安定等を有した卒業生に対して聞き取り調査を行っているが，「本当は学校に行きたかった。アルバイトから帰宅して毎晩就寝が午前1時になり，朝起きられなかった」「本当は学校に行きたかったけれど，アルバイト先での賄い飯を食べるために学校よりもアルバイト先を選んだ」など，在学中において顕著な生活困難を抱えていたことを語る生徒も少なくない。

　小野川・髙橋（2012）の調査では，ある病弱特別支援学校の場合，在籍児童生徒の4人に1人に「心身症，精神疾患」があり，半数以上が「不登校」を経験していること，児童相談所からの入学相談・学校見学が頻繁に行われ，年度途中に転入してくるケースは，ほとんどが発達障害を有した不登校状態，二次障害と思われる心身症・精神疾患をあわせもっていることが報告されている。

　さらに小野川ほか（2016）は，寄宿舎併設病弱特別支援学校卒業生か

らの聞き取り調査を行い，彼らの背景には，経済的困難，ひとり親家庭，虐待等の不適切な養育，親の病気・障害などが幾重にも重なっていることを明らかにしている。たとえば，家庭環境は「ひとり親家庭」50％，「両親不在」10％で6割の卒業生が経済的困難を感じていた。母親が「精神疾患」「うつ病」「慢性疾患」のほか，きょうだい・祖父母に障害・介護問題を抱えている家庭もあり，深刻な養育状況であった。生活困難で上位を占めた「家族の問題」では「家族間の不和」60％，「経済的困難」55％である。

　このように社会的不利と貧困の重なりがネグレクトを含む虐待を生み，そのなかで子どもの発達困難は大きくなり，社会的不適応という形で顕在化することも多い。社会的不適応の典型としての触法・非行・犯罪に至る過程として，発達障害の未診断・未治療や劣悪な家庭環境が大きく影響していること（北ほか，2008）にも着目されつつある。

　犬塚（2006）は全国の児童相談所の非行相談の調査結果から，83％の子どもが精神的問題を有し，「衝動性・攻撃性が高い」「自己中心的・協調性がない」「劣等感・自信喪失」などの出現率が高く，19％が精神疾患と診断されたことを指摘している。

　内藤ほか（2012・2013），髙橋ほか（2012b）は，不良行為を行った子ども，家庭環境上の理由により生活指導等を必要とする子どもを入所もしくは通所させ，必要な指導を行って自立を支援する児童福祉施設である児童自立支援施設を対象に，入所している発達障害を有する子どもが抱えている困難・ニーズやそれに対する支援の実態を明らかにしている。調査を行った45施設に入所する子どものうち，発達障害の診断を受けている子どもの数は450名（28.3％），日常生活において，こだわり等の障害特性からやるべき行動がとれない（16施設，35.6％），集団で一緒に動けない（13施設，28.9％）ことが困難としてあげられた。

また高橋（2014・2015），内藤ほか（2015 a ・2015 b ）は，全国の少年院・少年鑑別所における発達障害等の発達困難を有する非行少年の実態や支援の現状を検討し，彼らにおいては環境要因・不適切な対応の結果として非行に至る事例が少なくないことを明らかにした。少年院に入院する少年の多くは深刻な養護問題・生活環境の中で生きてきたため，発達に各種の困難を抱えている場合が少なくないが，それゆえ長期の丁寧な「学び」の機会を提供し，発達を保障することで「生きる力」をつけていく支援が何よりも大切である。特に就労・社会的自立までに，教育機関において教科学習や対人関係，基本的生活スキル等を身につけていくことが不可欠であり，そのためには少年院出院後の進路として，後期中等教育・継続教育・職業教育・高等教育等の継続支援の保障が重要な課題であると提起している。

4. 子どもの「育ちと発達の困難」への支援事例

　6年間のひきこもりを乗り越えて，自分の夢に歩むAさんの事例を紹介する（髙橋・小野川，2017）。

　Aさんは幼少期において両親が離婚，人との関係を拒む母親はAさんを幼稚園にも行かさず，家に閉じ込める生活を強いていたこともあり，離婚後は父親がAさんきょうだいを引き取ることとなった。父親も仕事や生活が不安定のため，数年間，児童養護施設で暮らすこととなる。父親の仕事や住居が決まったことから，小学校3年生で父親と暮らすようになるが，仕事で忙しい父親は十分な養育を行うことができず，毎日の食事は半額になったスーパーの弁当というように家の中は荒れていった。

　学校では保護者提出の書類がいつも期限に揃わないこと，親同士の交流が一切ないことなど，他の家庭では当たり前のことが何一つなく，A

さんは「なぜこの家に引き取られたのだろう」「この生活を友達や先生に知られたくない」と思うようになった。そして自信をなくし，不登校・保健室登校となった。それでも「このままではいけない」と思い，何とか休みながらも小学校卒業まで学校に通った。

しかし，中学校進学時にまったく学校に行けなくなった。中学校では給食がなく，弁当持参であったことがきっかけであった。自分でつくった弁当のフタを開けることができず，Ａさんは「自分の生活に限界を感じた瞬間であった」と語った。その後，Ａさんは学校に近づけなくなり，近所のスーパーやコンビニに行けなくなり，家族が家にいるときにはトイレや風呂にも入れなくなり，ついに自分の部屋から出られなくなってしまい，家から出られない生活は18歳になるまで続いた。

それでも中学生の時には「今日，学校に行けば取り戻せる。まだやり直せる」と思っていた。しかし，実際には家から出られない生活が続く中での強い焦りと不安，そして「今日も学校へ行けなかった。こんな自分はいないほうがいい」という気持ちが日々募っていった。長い引きこもり生活の中で「頑張りたいのに頑張れない自分は何なんだろう」「どうして頑張れないんだろう」という違和感があり，児童精神科に受診して「うつ状態と不安障害」と診断された。また，重い糖尿病になっていることもわかり，18歳で糖尿病治療のため内科へ入院した。そこで医師から精神科への入院を勧められ，それまで入院を断り続けていたＡさんであったが「最後のチャンス」と思い，精神科へ転院を決めた。

精神科病棟では同年代の人たちが多様な精神疾患や障害を抱えながらも，それぞれ頑張っていることを知り，また「自分は同年代の人と話したり，かかわりがもてる」ことに安心感を覚えつつ，「最後にもう１回だけ頑張ってみよう」という気持ちが芽生えた。これまでにかかわってくれた支援センターの職員に勉強をやり直したいこと，高校に入りたい

こと，できれば家庭以外で生活がしたいことを伝え，19歳で寄宿舎併設の病弱特別支援学校高等部に入学することとなった。

病弱特別支援学校では最初から落ち着いて過ごすことができたが，年齢的な特別扱いをしなかったことが功を奏したようである。以下，Aさんの特別支援学校と寄宿舎における生活についての感想を紹介する。

先生たちは，私を優しく迎えてくれ，どんなに小さなことでも褒めてくれました。最初は戸惑いもありましたし，褒めすぎじゃないか，と思うこともありましたが，徐々に，「一生徒のことをこんなに見てくれているんだなぁ」という安心感を抱いていったことを覚えています。徐々に「もっとこうしたい」「あれを頑張ってみたい」という気持ちが湧いてきて，それを先生に伝えると，そうするためにはどうしたらいいのか，一緒に考えてくれることが何より嬉しく感じました。

学校の授業は，先生の授業に生徒がついていくというよりも，生徒がわかる，できることから始めてくれるという感じがありました。無理に背伸びをしなくていいということは，私にとってとても楽な環境でした。できるところから頑張ろうという気持ちになれました。数学は中学1年生のレベルから始めましたが，数ヶ月で高校数学の授業を受けるようになりました。それに対して「こんなに早く進むとは思わなかった。本当にすごいよ」と先生が言ってくれたことで，私でもやったらできるんだ，もっと頑張りたいという気持ちが大きくなっていきました。

寄宿舎生活は，月曜日から金曜日までほかの生徒と過ごすため，窮屈さを感じたり，疲れてしまったりすることもありました。もちろん，性格が合わない人もおり，その人とも五日間過ごさなければならないため，負担も大きかったです。そんな時も，寄宿舎の先生に話を聞いてもらって，様々なアドバイスをもらいながら，前は友だちにされて許せなかったことが許せるようになってきたり，今度はこんなふうに接してみようと工夫ができたり，自分自身が，人との関わり方について成長していけることを感じました。

しかし，引きこもり生活から学校へ通う生活に変わり，疲労などから私は徐々に過眠になっていきました。はじめは，少し学校を休んで週の途中から寄宿舎へ行くことが増えました。だんだんと学校に行けなくなる日が増えていきました。私は，ちゃんと学校，寄宿舎生活を頑張りたい気持ちと，もう体がついていけない気持ちを抱えていました。倦怠感が強く，朝起きられない日が続きました。今でも覚えているのが，私が朝起きないことや，学校へ行けないことに対して，責める先生が一人もいなかったことです。いつも，「今日の体調はどう？学校行けそう？」と私を気遣ってくれました。そんなところに，甘えていた所もあったと今では思います。しかし，もしも一人の先生からでも「ちゃんと学校に行きなさい」とか「しっかり生活しなさい」というようなことを言われていたら，きっと「ちゃんとできない私はやっぱりダメだったんだ。やっぱり学校なんか通わなければよかったんだ」と自信をなくしていたのでは，と卒業してからとても感じています。そのときの状態を責めるより，これからどうしたいか，どうしていけたらいいのかを常に考えてくれた先生方のあたたかさを，卒業してから気付くことになりました。

　Ａさんは特別支援学校卒業後に，夜間の福祉系専門学校に通っている。日中は朝6時半に家を出て，アルバイトをしながらの生活である。アルバイトに行けなくなったり，学校も休みがちになったりということを繰り返しているが，それでもアルバイト先の上司に「もう一度働かせてください」と頭を下げ，専門学校にも気持ちを自分で切り替えながら通い続けている。

　Ａさんは「うまくいかないことばかりに囚われない，自分への自信と，自分が本当に望む，良い方向に向かっていく力を，特別支援学校での3年間で学んだ」「自分はダメだとか，もう嫌だと辛い思いをしている子どもが，再び前を向ける手助けができるような支援者になりたい」と語り，うつ病・不安障害と向き合いながら生活を続けている。

5. 多様な「育ちと発達の困難」を有する子どもの支援の課題

　多様な「育ちと発達の困難」を有する子どもは日々，多くの不安・恐怖・緊張・ストレス等を抱えながら必死に生きている。このことは，個人を支える生活基盤や関係性が崩壊の危機に直面している現代社会において，子ども・若者に広く共通することである。

　それはたとえば，野井（2015）が，子どもの「からだのおかしさ」調査において「健康な子どもたち」にも「夜眠れない，腹痛・頭痛，首・肩こり，腰痛，うつ傾向」等の自律神経機能，睡眠・覚醒機能といった神経系の問題が上位にランクされ，交感神経の過剰反応，落ち着きのなさ，感情の非表出，睡眠・覚醒のリズムの乱れなど，被虐待児と同様の身体症状を示すことを指摘していることとも重なる。

　誰しも強い不安・恐怖・緊張・ストレス状態に陥れば，自律神経系や免疫・代謝・内分泌系の不調・不全に起因する多様な身体症状が起こりうるのである（髙橋ほか，2011・2012 a）。貧困・養育困難・家庭不和・虐待等の環境要因が幾重にも重なりあい，極度の慢性的ストレス状態で生活をしている子どもの脳は傷つき，愛着形成・コミュニケーション障害・心身症・精神疾患・不適応などの発達的困難を引き起こし，反社会的行動のリスクが高くなり，複合的不利が形成されるという悪循環に陥っていく。

　子どもの自律神経失調・心身症，抑うつ・自殺，不登校・ひきこもり・中途退学などの心身の発達困難，いじめ・暴力・被虐待，触法・非行などの多様な不適応の問題は，決して特殊ではなく，子ども全体の問題としてとらえること，そしてその根底にある「育ちと発達の困難」の解消こそ不可欠な課題である。

子どもの「育ちと発達の困難」を緩和するためには，子どもの不安・恐怖・緊張・ストレス等の軽減を第一とし，子どもが安全で安心して生きることのできる環境と人間関係の保障が大切である。しかし，多様な発達困難を有する子どもたちは困難を自分の言葉で表現することが難しいために，誰にも相談できないまま，不安を1人で抱える子どもも少なくない。

まず何よりも安全・安心な環境の保障のもとに子どもとの信頼関係を築き，声を丁寧に聞き取り，ニーズを把握し，それを踏まえながら支援のあり方を検討することが肝要である。

参考文献

阿部彩（2014）『子どもの貧困Ⅱ』岩波新書

福島道子・北岡英子・大木正隆・島内節・森田久美子・清水洋子・勝田恵子・黛満・奥富幸至・菅原哲男・藤尾静枝・山口亜幸子（2004）「「家族生活力量」の視点に基づく児童虐待が発生している家族に関する事例的研究」（『日本地域看護学会誌』6(2)，pp.38-46）

後藤武則・池本喜代正（2008）「栃木県の児童養護施設における発達障害児の実態と処遇」（『宇都宮大学教育学部教育実践総合センター紀要』31，pp.357-363）

伊藤則博・安達潤・糸田尚史・内田雅志・堀田保・山形積治（2005）「児童養護施設に入所する「学習上・行動上に困難を抱える児童」の実態調査」（『北海道ノーマライゼーション研究』17，pp.71-83）

犬塚峰子（2006）「児童相談所における非行相談―非行相談に関する全国調査から―」（『現代のエスプリ』462，pp.117-129）

北洋輔・田中真理・菊池武剋（2008）「発達障害児の非行行動発生にかかわる要因の研究動向―広汎性発達障害児と注意欠陥多動性障害児を中心にして―」（『特殊教育学研究』46(3)，pp.163-174）

黒崎碧・田中恭子・江原佳奈・清水俊明（2013）「被虐待児における認知，行動，情緒機能の特徴についての検討」（『順天堂醫事雑誌』59(6)，pp.490-495）

宮本信也（2008）「発達障害と子ども虐待」（『発達障害研究』30(2)，pp.77-81）

内藤千尋・田部絢子・横谷祐輔・髙橋智（2012）「児童自立支援施設における発達障害児の実態と支援に関する調査研究―全国児童自立支援施設併設の分校・分教室の教師調査から―」（『東京学芸大学紀要総合教育科学系Ⅱ』63，pp.21-30）

内藤千尋・田部絢子・髙橋智（2013）「児童自立支援施設における発達障害児の実態と支援に関する調査研究（第3報）―全国児童自立支援施設職員及び分校・分教室教師調査から―」（『東京学芸大学紀要総合教育科学系Ⅱ』64，pp.101-113）

内藤千尋・髙橋智・法務省矯正局少年矯正課（2015ａ）「少年院における発達障害等の特別な配慮を要する少年の実態と支援に関する調査研究―全国少年院職員調査を通して―」（『東京学芸大学紀要総合教育科学系Ⅱ』66，pp.107-150）

内藤千尋・田部絢子・髙橋智（2015ｂ）「発達に困難を抱える非行少年の困難・ニーズと矯正教育の課題―少年鑑別所職員調査を通して―」（『公益財団法人明治安田こころの健康財団研究助成論文集（2014年度）』50，pp.137-143）

野井真吾（2015）「現場で"実感"されている子どもの「からだのおかしさ」」（『こどもとからだ調査2015（実態調査2015）』子どものからだと心連絡会議，pp.8-10）

小野川文子・髙橋智（2012）「病弱特別支援学校寄宿舎における病気の子どもの「生活と発達」の支援」（『SNE ジャーナル』18(1)，pp.148-161）

小野川文子・田部絢子・髙橋智（2016）「卒業生調査からみた病弱特別支援学校および寄宿舎の教育的役割と課題」（『東京学芸大学紀要総合教育科学系Ⅱ』67，pp.81-89）

杉山登志郎（2007）『子ども虐待という第四の発達障害』学研，pp.18-19

髙橋智（2014）「矯正教育と特別支援教育の連携・協働の課題―全国少年院発達障害調査（法務省矯正局少年矯正課との共同研究）を通して―」（『矯正教育研究』59，pp.3-63）

髙橋智（2015）「矯正教育と特別支援教育の連携の課題―全国の少年院における発達障害等の特別な配慮を要する少年の調査から―」（『日本矯正教育学会50周年記念誌』，pp.17-22）

髙橋智・生方歩未（2008）「発達障害の本人調査からみた学校不適応の実態」（『SNE ジャーナル』14(1)，pp.36-63）

髙橋智・石川衣紀・田部絢子（2011）「本人調査からみた発達障害者の「身体症状（身体の不調・不具合）」の検討」（『東京学芸大学紀要総合教育科学系Ⅱ』62，pp.73-

107)

髙橋智・田部綯子・石川衣紀（2012 a ）「発達障害の身体問題（感覚情報調整処理・身体症状・身体運動）の諸相―発達障害の当事者調査から―」（『障害者問題研究』40(1)，pp.34-41)

髙橋智・内藤千尋・田部綯子（2012 b ）「児童自立支援施設における発達障害児の実態と支援に関する調査研究：全国児童自立支援施設職員調査から」（『SNE ジャーナル』18(1)，pp.8-21)

髙橋智・小野川文子（2017）「障害・疾病のある子どもと家庭―「育ちと発達の貧困」と特別支援教育（上）―」（『内外教育』6621，時事通信社，pp.10-13)

武井明・宮崎健祐・目良和彦・松尾徳大・佐藤譲・原田陽一・鈴木太郎・平間千絵（2009）「不登校を呈した高機能広汎性発達障害の臨床的検討」（『精神医学』51(3)，pp.289-294)

竹本弥生・青野路子・三枝あゆみ・田部綯子・内藤千尋・髙橋智（2016）「「多様な困難を抱える高校」における特別支援教育の課題―卒業生・保護者・教師の面接法調査を通して―」（『東京学芸大学紀要総合教育科学系Ⅱ』67，pp.69-79)

友田明美（2011）「児童虐待が脳に及ぼす影響―脳科学と子どもの発達，行動―」（『脳と発達』43(5)，pp.345-351)

横谷祐輔・田部綯子・石川衣紀・髙橋智（2010）「「発達障害と不適応」問題の研究動向と課題」（『東京学芸大学紀要総合教育科学系Ⅰ』61，pp.359-373)

横谷祐輔・田部綯子・内藤千尋・髙橋智（2012）「児童養護施設における発達障害児の実態と支援に関する調査研究―児童養護施設の職員調査から―」（『東京学芸大学紀要総合教育科学系Ⅱ』63，pp.1-20)

9 | 発達障害と教育

髙橋　智

《目標＆ポイント》　発達障害教育のしくみ，方法，実践的課題について，発達障害当事者の視点とニーズから理解をはかることを目標とする。とくに，各種の発達障害当事者調査（感覚過敏・低反応，自律神経・免疫・内分泌系の不全と身体症状，身体の動きにくさ，食の困難，睡眠困難等）の結果をふまえ，発達障害等当事者が求める理解と発達支援のあり方について検討する。
《キーワード》　発達障害，当事者調査，身体感覚，自律神経系，身体症状，身体運動，食の困難，睡眠困難，発達支援

1. 発達障害とは

　発達障害は，発達障害者支援法において「自閉症，アスペルガー症候群その他の広汎性発達障害，学習障害，注意欠陥多動性障害その他これに類する脳機能の障害であってその症状が通常低年齢において発現するものとして政令で定めるもの」と定義されている。

　それを受けて文部科学省は，「自閉症（Autistic Disorder）」「高機能自閉症（High-Functioning Autism）」「学習障害（Learning Disabilities）」「注意欠陥／多動性障害（Attention-Deficit／Hyperactivity Disorder）」を以下のように定義している。

(1)　「自閉症とは，3歳位までに現れ，①他人との社会的関係の形成の困難さ，②言葉の発達の遅れ，③興味や関心が狭く特定のものにこだわることを特徴とする行動の障害であり，中枢神経系に何らかの要因

による機能不全があると推定される」。

⑵ 「高機能自閉症とは，３歳位までに現れ，①他人との社会的関係の
形成の困難さ，②言葉の発達の遅れ，③興味や関心が狭く特定のもの
にこだわることを特徴とする行動の障害である自閉症のうち，知的発
達の遅れを伴わないものをいう。また，中枢神経系に何らかの要因に
よる機能不全があると推定される」。

⑶ 「学習障害とは，基本的には全般的な知的発達に遅れはないが，聞
く，話す，読む，書く，計算する又は推論する能力のうち特定のもの
の習得と使用に著しい困難を示す様々な状態を指すものである。学習
障害は，その原因として，中枢神経系に何らかの機能障害があると推
定されるが，視覚障害，聴覚障害，知的障害，情緒障害などの障害や，
環境的な要因が直接の原因となるものではない」。

⑷ 「ADHDとは，年齢あるいは発達に不釣り合いな注意力，及び／又
は衝動性，多動性を特徴とする行動の障害で，社会的な活動や学業の
機能に支障をきたすものである。また，７歳以前に現れ，その状態が
継続し，中枢神経系に何らかの要因による機能不全があると推定され
る」。

2. 発達障害等の当事者が求める理解と支援

上記に示した発達障害の定義に示されている各種の困難とは別に，近
年，発達障害等の発達上の特性・困難を有する当事者（以下，発達障害
等当事者）から提起されている困難として，感覚情報処理の困難や身体
症状（自律神経系や免疫・代謝・内分泌の不調・不具合）などの身体感
覚問題がある。

たとえば，アスペルガー症候群当事者で作家・翻訳家のニキ・リンコ
は「自閉症は身体障害である」として，ひと月のうち半分は発熱する，

疲労感に気づきにくく倒れるまで頑張ってしまうといった身体症状について述べている（ニキ・藤家，2004）。

　また，成人期に「自閉症」と診断された片岡聡は，博士（臨床薬学）学位を有する専門家でもある立場から，発達障害者の「身体障害性」への支援について次のように述べている。片岡氏は自身の感覚過敏の例として「他人の体臭や騒音に過敏で電車に乗れない」「オフィスの空調の音で仕事に集中できない」こと，「自律神経調節，内分泌調節の脆弱性」の例として「急な気温や気圧の変動で著しく体調を崩す」「睡眠覚醒リズムの調節が困難」なことをあげ，「発達障害の人は，健常者と比較して内分泌調節，自律神経調節に問題がある人が多く，健常者が普通に適応できる環境変化への対応ができにくいことが多い」「これら発達障害の身体障害性への援助はまさに発達障害者へのバリアフリーの問題」と指摘する。そして，特に「自律神経調節・内分泌・睡眠リズムの調節問題」に対する医療的支援を求めている（片岡，2011）。

　さらにアスペルガー症候群当事者の綾屋紗月は，自分がもつ空腹感のわかりにくさについて，次のように説明している。おなかがすくと「ボーっとする」「動けない」「血の気が失せる」「頭が重い」等のバラバラの身体感覚の変化を感受するが，これは風邪・疲れ・月経前でも起きるのでやり過ごすと，「胃のあたりがへこむ」「胸がわさわさする」「胸が締まる」という微弱な身体感覚に「なんだか気持ちが悪い」「無性にイライラする」「悲しい」などの気持ちがついてくるために，ひとまとまりの「空腹感」を構成できない（綾屋・熊谷，2008）。綾屋は，空腹感以外にもこうした身体感覚の問題を多く有しているが，そのことの理由を「身体内外からの情報を絞り込み，意味や行動にまとめあげるのがゆっくりな状態。また一度できた意味や行動のまとめあげパターンも容易にほどけやすい」と説明し，こうした特性を「自閉」としてとらえてい

る。

　上記の例のように，発達障害等当事者の身体感覚問題は理解されにくく，具体的な支援についてもほとんど明らかになっていない。それゆえに筆者らは，これまで発達障害等当事者（アスペルガー症候群・高機能自閉症・その他の広汎性発達障害・LD・ADHD・軽度知的障害の診断・判定を有する当事者）のべ1,300名以上を対象に，「感覚情報処理，身体症状，身体の動きにくさ，体育・スポーツの困難，皮膚感覚，食の困難，睡眠困難，学校不適応」等の諸問題について調査を行い，当事者が抱える身体感覚問題や求めている理解・支援について検討してきた（田部ほか，2015；髙橋，2016；髙橋ほか，2008 a ・2011・2012・2014・2015；山下ほか，2010）。

　ここでは，それらの当事者調査研究の結果にもとづきながら，発達障害等当事者が求めている理解と支援のあり方について考察する。

（1）　感覚情報処理の困難とそれに伴う身体症状

　視覚において困難が大きいのは，「すれ違おうとして，人にぶつかることがある」「人の顔を識別するのが苦手である」「ドアノブをつかみ損なって，扉にぶつかることがある」などである（**図9-1**，上位8項目が1％水準，残りは5％水準で有意差）。「車窓の動くものを全部目が拾うため，車に酔ってしまう」は，理解されにくい困難であると思われる。

　聴覚において最も困難が大きいのは「クラスメイトが急に大きな声を出したり，先生が突然怒鳴ったりするなどの突然の大きな音は，非常にストレスを感じる」であり（**図9-2**の項目はすべて1％水準で有意差），また「話す速度が変わると，とても理解しにくくなる」「赤ちゃんの泣き声がとても苦手である」は，ともに定型発達者のチェック率が0％のため，理解されにくい困難であると思われる。

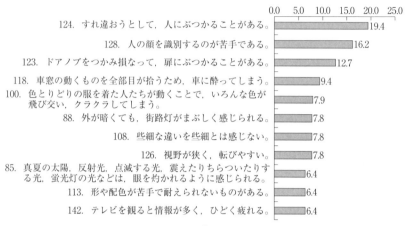

図9-1　視覚の困難（χ^2値比較）（髙橋ほか，2012）

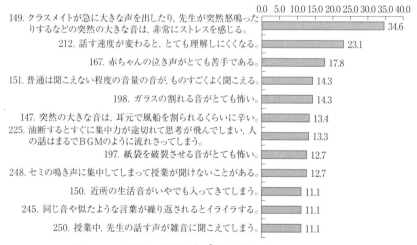

図9-2　聴覚の困難（χ^2値比較）（髙橋ほか，2012）

嗅覚において最も困難が大きいのは「焦げ臭いにおいにとても敏感」であり，次いで「化粧品のにおいがとても苦手である」「季節の変わり目には過敏がひどくなり，雨のにおいがくさい」となり，日常生活の様々な場面において不具合が生じていることがうかがえる。「揚げ物のにおいにとても耐えられない」「掃除用の洗剤のにおいがとても苦手である」は，ともに定型発達者のチェック率が0％のため，理解されにくい症状であると思われる。また「接着剤や絵の具などの図工用品のにおいがとても苦手」という嗅覚過敏のために図工室に行くことができず，授業を受けられないことも想定される。

口腔において最も困難が大きいのは「歯茎が腫れやすい」であり，また「食べ物の味が混ざるのが苦手で，ご飯とおかずを一緒に食べられない」「口がどこかに行きそうな感じがしていつも奥歯を噛み締めているので，顎が痛い」は，ともに定型発達者のチェック率が0％のため，理解されにくい困難であると思われる（図9-3，上位6項目は1％水準

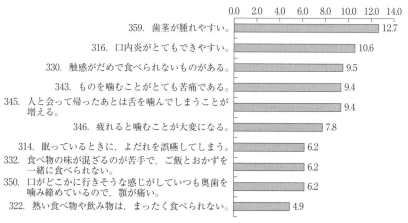

図9-3　口腔の困難（χ^2値比較）（髙橋ほか，2012）

で有意差）。

　皮膚・触覚において困難が大きいのは「裸足で芝生の上を歩けない」「帽子をかぶるのが苦手」「しめつけ感が嫌で，ジーンズが苦手」などの触覚刺激に対する過反応である。岩永（2014）は過反応の原因として，①神経系の問題により感覚知覚の閾値が低い，②情緒面が不安定，③感覚刺激に対する解釈の問題，④不快な感覚刺激に過剰に集中，⑤刺激の取捨選択ができない，⑥反応表出の問題などを指摘し，これらいくつかが組み合わされて過反応が生じるとしている。

　身体の姿勢・運動において困難が大きいのは「歩いている途中に足に力が入らなくなり，ぎこちなくしか歩けない」「疲れたり強い刺激を受けると，歩き方がわからなくなってしまう」「筋肉の緊張が低く，関節が緩くて，身体を動かそうとすると関節ごと引っ張られてしまう」などである（図9-4，上位7項目はすべて1％水準で有意差）。姿勢の悪さについては往々にして厳しく注意を受けがちであるが，「ボディイメー

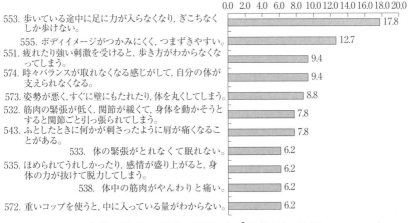

図9-4　身体の姿勢・運動の困難（χ^2値比較）（髙橋ほか，2012）

ジの形成・持続や身体運動の困難・不具合」としてとらえることにより，適切な支援に結びつけやすくなる。

免疫・代謝・内分泌において最も困難が大きいのは「トマトアレルギーがある」（生のトマトを食べると口の中がはれる，痛みが出る，舌がひりひりする等）であるが，定型発達者のチェック率が0％のため，理解されにくい困難であると思われる（図9-5，1％水準で有意差）。また「熱を出すと何日も寝込む」「感覚の過敏を我慢すると，後になって熱を出す」「牛乳アレルギーがある」の3項目も困難が大きいものである（5％水準で有意差）。

自律神経系において最も困難が大きいのは「目の前の作業に集中すると，疲れがわかりにくい」という症状である（図9-6，項目はすべて1％水準で有意差）。また「外出先から帰ると疲れのために体が動かなくなってしまうことがある」「朝起きたばかりなのにすでに全身が疲れていて，手足が緊張していることがある」「人の多いところから帰ってきたあとは，頭がぐるぐるして何もできない」は定型発達者のチェック

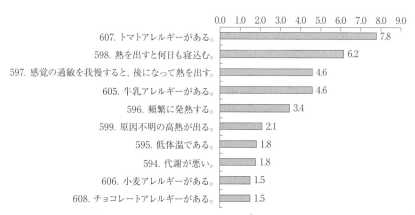

図9-5　免疫・代謝・内分泌の困難（χ^2値比較）（髙橋ほか，2012）

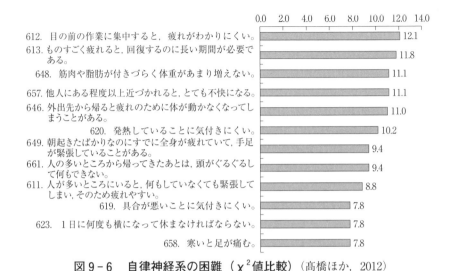

図9-6 自律神経系の困難（χ^2値比較）（髙橋ほか, 2012）

率が0％のため, 理解されにくい困難であると思われる。

(2) 食の困難と支援のあり方

　食物アレルギー・摂食障害など食に関する多様な困難・ニーズを有する子どもが増加し, 学校における食に関する指導と対応の充実は重要性を増している。中でも発達障害等を有する子どもは, きわめて多様な「食の困難」を有している。

　筆者ら（髙橋ほか, 2015 a；田部ほか, 2015）の発達障害等当事者の食の困難調査（高校生以上137名回答, 比較のため筆者の講義・演習の受講学生119名にも実施）において困難が大きかったのは, 図9-7に「食に関する困難の大きい上位20項目」を示したが（いずれも1％水準で有意差あり）,「人の輪の中でどのように振る舞えばいいのかわからないため会食はおそろしい」「自分が予想していた味と違う味だと食べら

れない」等であった。

　さらに対象を小学生にまで広げて当事者73人が回答した調査において困難が大きかったのは，「一度好きになったメニューや食べ物にはかなり固執する」「食欲の差が激しく，食欲のない時はとことん食べず，ある時はとことん食べまくる」等であった。

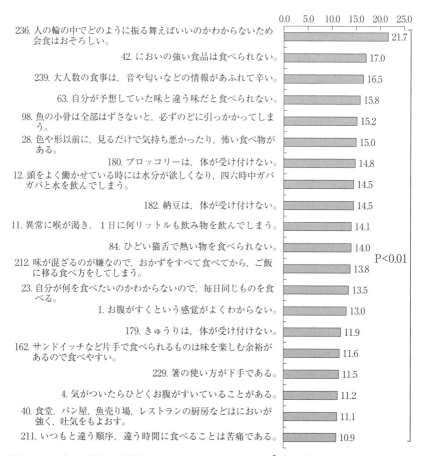

図9-7　食に関する困難の大きい上位20項目（χ^2値比較）（髙橋ほか，2015a）

そうした困難に対する支援ニーズでは「配膳時に量を調整したり，どうしても食べられない食材を入れないなど自分で決めさせてほしい」が最も多く，次いで「完食を強制せず，食べられないことも認めてほしい」「食べたいもの等を本人に聞いて，それを大事にしてほしい」等となった。

　保護者にとっても子どもの食の困難は，子育ての大きな不安・ストレスである。発達障害等当事者の保護者調査（65人回答）でも「せっかくつくったものをいつも食べてもらえず，自信や意欲を失う」「もう食事をつくることに時間や手間をかけることをやめたい」「食事介助の時などに怒鳴ったり，叱責してしまったことがある」等の回答が寄せられた（髙橋・田部，2017）。

　「食べる」ことは「食物＝異物」を体内に直接的に受け入れることから，子どもにはとりわけ「不安・恐怖・緊張・ストレス」等を伴いやすく，限定された食嗜好や極度の拒絶になると想定される。それに加えて「子どもの頃に無理強いされたものは一番苦手なものになっている」「給食で居残りして食べさせられ拷問であると感じた」という人も多く，食の困難を「わがまま」と誤解され，厳しい対応が「苦手さ・恐怖感」をさらに増幅している。学校給食に対しては「『残していいよ』と言ってほしかった」「完食などを強制しないでほしい」など，食の困難への理解と柔軟な対応を求めている。

　当事者の食の困難への支援においては，当事者が抱える困難・支援ニーズを丁寧に聞き取り，それを踏まえて支援のあり方を検討することが大切である。たとえば，NHK ニュースおはよう日本（2017），NHK WORLD NEWS（2017）にて紹介された「広島市西部こども療育センター」では子どもの食の傾向を親から聞き取り，子どもの感覚特性に応じた給食調理や，イラストなどを使って食べられる食材ということを示

し，子どもの不安を取り除き，安心感を与える工夫をしている。こうした実践を通して，数年で偏食の子どもの９割以上が通常の給食を食べられるようになったと紹介している。

（３）　睡眠の困難と支援のあり方

　日本の子どもの睡眠時間は，国際的に比較して顕著に短いことが報告されている。睡眠時に成長ホルモンが分泌され，免疫・代謝機能も発達するために，慢性的睡眠不足状態にある日本の子どもは多様な発達困難を抱えていること，たとえば睡眠リズムが乱れ，朝も起きられない起立性調整障害の子どもが増えていることが指摘されている。

　発達障害等当事者も顕著な睡眠困難を有することはしばしば指摘されるが，その実態は十分に解明されていないため，筆者ら（柴田・髙橋，2016・2017；髙橋・柴田，2017ｂ）は発達障害等当事者調査を通して当事者の睡眠困難の実態と当事者が求めている理解・支援について検討してきた（当事者197名，受講学生183名）。

　図９−８に「睡眠に関する困難の大きい上位20項目」を示したが（いずれも１％水準で有意差あり），睡眠困難のうち入眠時の困難では「入眠までにとても時間がかかる」が上位にあがり，そのことと「寝ようと思うとありとあらゆる考えが浮かんできて，気持ちをしずめようと思ったとたん，逆にめまぐるしく回りだす」の相関が高く，発達障害等当事者が寝つけない背景には入眠前の興奮があると推測された。

　また，「入眠前の興奮」と「日中の嫌なこと」との相関が見られ，「日中の嫌なこと」が寝つけない要因であった。さらに「夜遅い時間を自分の楽しみにあててしまい，遅くまで起きて本を読んだり，テレビを見たり，インターネット・サーフィンをしたりしてしまう」のように，夜更かししてストレス発散している様子がうかがえた。

睡眠時の困難として「夜中に何度も目が覚める」「フラッシュバックで悪夢を見る」等の「中途覚醒」があり，特に「ちょっと寝ただけで目が覚めてしまう」と「一度目を覚ますと朝まで寝られない」の相関が高く出た。過去や日中の辛さが睡眠時の夜驚・悪夢につながっている可能

図9-8 睡眠に関する困難の大きい上位20項目（χ^2値比較）（柴田・髙橋，2016・2017）

性も推測され，こうした中途覚醒は当事者の睡眠時間の減少や睡眠の質の低下にも大きく影響している。

起床時の困難では「起きたときも疲れはとれず，体はとてもしんどいと感じる」「朝，疲れていてとても起きられない」等があげられた。特に「日中のストレス」と「朝の目覚めの悪さ」に相関が見られ，日中のストレスが強い時に起床困難も強まることが示されたが，ストレスが自律神経系に影響を与え，そのことが起床困難につながっている可能性も推測される。

睡眠困難に起因する日中の困難では「よく眠れていないので昼間はいつもだるく，すぐに昼寝をしたくなる」などが上位にあげられ，「睡眠不足のときは考えられないような失敗もしてしまう」ことなどが指摘されている。

睡眠不足や睡眠リズムの乱れが各種の身体症状・体調不良につながり，日常生活の困難を大きくし，その影響でさらに睡眠不足が助長されるといった悪循環が生じており，睡眠困難の支援では睡眠時だけでなく，日常生活全体を含めた支援が求められている。

3. おわりに

これまで当事者調査研究の結果にもとづきながら，身体感覚問題で困っている当事者の実態と当事者が求めている理解と支援のあり方について検討してきた。

そうした身体感覚問題の背景については，筆者の日常における発達障害等当事者との発達相談臨床を踏まえながら考察すると，「発達特性」もさることながら，当事者が毎日の家庭・学校生活において，いやおうなしに抱え込まざるをえない，多様な「不安・恐怖・緊張・ストレス」等の大きな影響を無視することはできない。

誰しも強い不安・恐怖・緊張・ストレス状態に陥れば，自律神経系や免疫・代謝・内分泌系の不調・不全に起因する多様な身体感覚問題が生じるが，それを緩和するためには図9-9に示したように，発達障害等当事者の不安・恐怖・緊張・ストレス等の軽減を第一とし，当事者が安全で安心して生きることのできる環境と人間関係の保障が不可欠であり，その上ではじめて有効な発達支援等が実施できるのである。

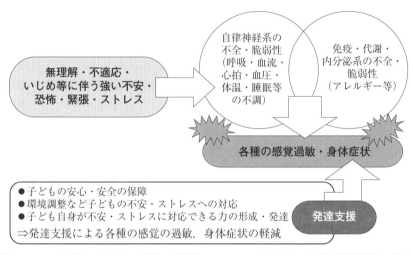

図9-9　子どもの不安・恐怖・緊張・ストレス等起因の身体感覚問題と発達支援（筆者作成）

参考文献

綾屋紗月・熊谷晋一郎（2008）『発達障害当事者研究―ゆっくりていねいにつながりたい―』医学書院

NHK ニュースおはよう日本（2017）「けさのクローズアップ：子どもの"偏食"実態明らかに」2017年4月5日，http://www.nhk.or.jp/ohayou/digest/2017/04/0405.html

NHK WORLD NEWS（2017）「Overcoming fear of food」，Apr. 18 2017，https://www3.nhk.or.jp/nhkworld/newsroomtokyo/aired/20170418.html

岩永竜一郎（2014）『自閉症スペクトラムの子どもの感覚・運動の問題への対処法』東京書籍

片岡聡（2011）「発達障害者の職場適応を考える～当事者の立場から～」（「第18回日本産業精神保健学会教育講演」資料）

ニキ・リンコ，藤家寛子（2004）『自閉っ子，こういう風にできてます！』花風社

柴田真緒・髙橋智（2016）「発達障害者の睡眠の困難・ニーズと支援に関する研究―発達障害の当事者調査から―」（『SNE ジャーナル』22(1)，pp.103-119)

柴田真緒・髙橋智（2017）「発達障害者の睡眠困難と支援に関する研究―発達障害の当事者調査から―」（『東京学芸大学紀要総合教育科学系Ⅱ』68，pp.43-79)

田部絢子・斎藤史子・髙橋智（2015）「発達障害を有する子どもの「食・食行動」の困難に関する発達支援研究―発達障害の本人・当事者へのニーズ調査から―」（『発達研究』29，pp.47-60)

髙橋智（2016）「感覚情報処理の困難やそれに伴う多様な身体問題で困っている子どもの理解と支援」（『発達教育』35(6)，pp.4-11)

髙橋智・柴田真緒（2017 a）「当事者の手記から探る発達障害の睡眠困難の実態と支援に関する研究」（『東京学芸大学紀要総合教育科学系Ⅱ』68，pp.25-42)

髙橋智・柴田真緒（2017 b）「「発達障害と睡眠困難」の実態と発達支援（上）（下）」（『内外教育』6625～6626)

髙橋智・増渕美穂（2008 a）「アスペルガー症候群・高機能自閉症における「感覚過敏・鈍麻」の実態と支援に関する研究―本人へのニーズ調査から―」（『東京学芸大学紀要総合教育科学系』59，pp.287-310)

髙橋智・生方歩未（2008 b）「発達障害の本人調査からみた学校不適応の実態」

（『SNE ジャーナル』14(1)，pp.36-63)

髙橋智・石川衣紀・田部絢子（2011）「本人調査からみた発達障害者の「身体症状（身体の不調・不具合）」の検討」（『東京学芸大学紀要総合教育科学系Ⅱ』62，pp.73-107)

髙橋智・田部絢子・石川衣紀（2012）「発達障害の身体問題（感覚情報調整処理・身体症状・身体運動）の諸相―発達障害の当事者調査から―」（『障害者問題研究』40(1)，pp.34-41)

髙橋智・井戸綾香・田部絢子・石川衣紀・内藤千尋（2014）「発達障害と「身体の動きにくさ」の困難・ニーズ―発達障害の本人調査から―」（『東京学芸大学紀要総合教育科学系Ⅱ』65，pp.23-60)

髙橋智・斎藤史子・田部絢子・石川衣紀・内藤千尋（2015ａ）「発達障害者の「食」の困難・ニーズに関する研究―発達障害の本人調査から―」（『東京学芸大学紀要総合教育科学系Ⅱ』66，pp.17-72)

髙橋智・田部絢子（2015ｂ）「本人調査から探る発達障害者の「皮膚感覚」の困難と支援」（『アスペハート』13(3)，pp.12-18)

髙橋智・田部絢子（2017）「発達障害と食の困難・支援ニーズ①～④」（『内外教育』6594，6596，6598，6599)

山下揺介・田部絢子・石川衣紀・上好功・至田精一・髙橋智（2010）「発達障害の本人調査からみた発達障害者が有するスポーツの困難・ニーズ」（『東京学芸大学紀要総合教育科学系Ⅰ』61，pp.319-357)

10 | 重度・重複障害と教育

村山　拓

《**目標＆ポイント**》　重度・重複障害児の障害特性，心理特性等について概観する。あわせて，肢体不自由／病弱特別支援学校等での医療的ケアの課題や動向を整理し，摂食障害，変形・側弯，呼吸障害等への対応の基本的な知識を習得する。

《**キーワード**》　自立活動，医療的ケア，食事指導，ポジショニング

1. 重度・重複障害とは

（1）　重度・重複障害児の特徴

　重度・重複障害児の教育を考える上で，まず特別支援教育において重度・重複障害がどのように定義されているかを確認しておきたい。やや遡るが，1975（昭和50）年に「特殊教育の改善に対する調査研究会」（辻村泰男会長）によって文部省（現在の文部科学省）に提出された「重度・重複障害児に対する学校教育の在り方について（報告）」では，重度・重複障害を以下のように説明している。

　まず，学校教育法施行令第22条の２（現在は第22条の３）に規定されている盲，聾，知的障害，肢体不自由，病弱の障害を２種類以上あわせ有すること，発達的側面からみて「精神発達の遅れが著しく，ほとんど言語を持たず，自他の意思の交換及び環境への適応が著しく困難であって，日常生活において常時介護を必要とする程度」であること，そして行動的側面から見て，「破壊的行動，多動傾向，異常な習慣，自傷行為，

自閉性，その他の問題行動が著しく，常時介護を必要とする程度」であることである。同報告では，重度・重複障害児の判定にあたっての検査項目例も付されている（表10－1）。また，重症心身障害児という語も広く用いられており，特に医療・福祉の分野ではこの語が一般的である。

表10－1　重度・重複障害児の判定にあたっての項目例（特殊教育の改善に対する調査研究会，1975）

1　障害の状況（学校教育法施行令第22条の2に規定する障害をもっているかどうか）			
ア　盲　　イ　聾　　ウ　知的障害　　エ　肢体不自由　　オ　病弱			（疾病の状況）

2　発達の状況（次に示すような身辺自立，運動機能，社会生活の程度は，どの程度か）

			（発達の状況をチェックする具体的行動の例―次のような行動ができるかどうか―）		
(1)　身辺自立	ア．食事	・スプーンで食物を運んでやると食べられる	・手でどうにかつかんで食べられる	・スプーン等を使ってどうにか1人で食べられる
	イ．排泄	・排泄の処理をしてもらう時静かにしている	・汚すと知らせる（おむつをしている）	・排泄の予告ができる
	ウ．衣服	・衣服を着せてもらう時静かにしている	・衣服を着せてもらう時手や足を出す	・衣服を1人でどうにか脱げるが，1人で着ることはできない
(2)　運動機能	エ．大きな動作	・支えなしで座れる	・つかまり立ちできる	・5，6歩歩いて立ち止まれる
	オ．小さな動作	・手から手へ物を持ち替えられる	・指先で物がつまめる	・クレヨンなどでなぐり書きができる
(3)　社会生活	カ．言語	・人に向って声を出そうとする	・意味のある単語が2，3個いえる	・意味のある単語が数個いえる
	キ．反応	・自分の名前を呼ばれると反応できる	・身近なものの名前がわかる	・簡単な指示が理解できる
	ク．対人関係	・知らない人にも関心を示す	・人の関心をひくための動作ができる	・特定の子供と一緒にいることができる

3 行動の状況 （次の示すような問題行動があるかどうか）

	（行動の状況をチェックする具体的行動の例—次のような問題行動が著しいかどうか—）
ア．破壊的行動	他人に暴力を加えたり，器物を破壊するなど破壊的傾向がある
イ．多動傾向	まったくじっとしていないで，走りまわったり，とびはねるなど多動傾向がある
ウ．異常な習慣	異物を食べたり，ふん尿をもてあそぶなど異常な習慣がある
エ．自傷行為	自分を傷つけたり，着ている衣服を引きさくなど自傷行為がある
オ．自閉症	自閉的でコミュニケーションが成立しない
カ．反抗的行動	指示に従うことを拒んだり，指導者に敵意を示すなど反抗的行動がある
キ．その他	その他，特別の問題行動がある

上記の検査に従い，おおむね次のような者が重度・重複障害児と考えられる

a．「1　障害の状況」において，2つ以上の障害をもっている者
b．「2　発達の状況」から見て，精神発達が著しく遅れていると思われる者
c．「3　行動の状況」から見て，特に著しい問題行動があると思われる者
d．「2　発達の状況」，「3　行動の状況」から見て，精神発達がかなり遅れており，かつ，かなりの問題行動があると思われる者

（2）　重度・重複障害児の特性

　重度・重複障害の発生原因としては，まず脳を中心とした様々な障害があげられる。出生前の原因（先天性風疹症候群・脳奇形・染色体異常等），出生時・新生児期の原因（分娩異常・低出生体重児等），新生児期以後（生後4週以降）の原因（脳炎などの外因性障害・てんかん等の症候性障害）とに分類することができる。また，生理的要因，病理的要因，心理・社会的要因とに分けて検討することもある。重度・重複障害児は漸増傾向にある。その理由としては，医学・医療の進歩や充実等により，超低出生体重児や重症仮死産児などの救命状況が改善したことや寿命が延びたこと，幼児期の事故（溺水や交通事故等）による後遺症による増

加等が考えられる。

重度・重複障害児の特性として，次のようなものが知られている（姉崎，2016）。

まず，生理調節機能については，①呼吸のリズムが保てず，呼吸数が増減したり，睡眠時に一時的に呼吸が停止したりする。②体温調節中枢の発達が未熟で，発汗機能が不十分なため，発熱しやすかったり，低体温（33〜35℃）の子どももいる。③睡眠中の呼吸障害やてんかん発作などにより，睡眠と覚醒のリズムが不規則になりやすく，昼夜逆転や寝つきが悪いなどの睡眠障害を伴いやすい。

身体発育については，低身長，低体重で，虚弱の場合が大半である。先天的な疾患等によるもののほか，未熟や栄養摂取の不足などにもよる。特に脊柱側弯，胸郭変形，上肢・下肢の拘縮変形などが多く，骨も細く折れやすい。骨折は身体諸機能の低下をもたらすため，多面的な影響が出やすい。

運動機能についても重症化しやすい。骨格筋の過緊張・低緊張や不随意運動が見られ，姿勢・運動の発達も未熟である。また加齢とともに姿勢や運動が固定化し，側弯拘縮をあわせもつ場合が多い。特に，寝たきりの場合には，寝返りや手を動かしたりすることが十分にはできないため，機能低下をもたらしやすい。

摂食・嚥下機能については，口の開閉や口唇による食物の取り込みなどの口腔機能にはかなりの制約がある。顎の上下運動，咀嚼運動，嚥下も十分にはできない。そのため，食物の飲み込みに課題があり，むせやすいため，誤嚥や窒息につながりやすい。

排せつ機能については，膀胱にためた尿をスムーズに排出できず，排尿困難，頻尿，尿失禁などをきたす。排せつの自立は困難で，日常生活場面でオムツ交換などの排せつ介助が頻回で，全介助のことが多い。ま

た，習慣性の慢性便秘症になりやすく，浣腸や摘便などを必要とする場合もある。

コミュニケーション機能については，重度の知的障害や肢体不自由をあわせもつために，意思疎通や意思の表出が困難な場合が多い。言語の理解，発語，身振り・手振りなどによって意思や欲求を表出することが難しいためである。また，周囲からの声かけ，言葉かけを理解できない場合も多く，コミュニケーションの成立が困難になる。また，聴覚障害や睡眠障害，行動障害などを併発する場合は，さらにコミュニケーションがとりにくくなるとされる。

重度・重複障害児で，自力での行動が困難な子どもは少なくないが，いわゆる「動く重症児」の場合，行動障害が子どもの健康の保持，家庭や社会の生活への制約や困難をきたす場合が少なくない。重度の発達障害に起因する多動，徘徊，異食，反芻，嘔吐，自傷，常同行動などの自己刺激行動のような異常習慣，周期的な気分変動やこだわり，引きこもりなどが見られる。

重度・重複障害児の合併症は１人平均４～５つで，呼吸管理等，生命維持の上で濃厚な医療介護を生活の中で継続的に必要とする「超重症児」の場合はさらに多く，８～９の合併症をもち，病態も複雑である（姉崎，2016）。特に呼吸・嚥下障害をあわせ有する場合，肺炎などの呼吸器感染症は死亡原因の第１位を占めている（同）。

2. 重度・重複障害児への基本的支援

前節で確認した通り，重度・重複障害児は，様々な支援を受けながら生活，学習を進めている。支援内容は広範に及ぶが，本節では，その中で３つの症状に沿って解説したい。

（1） 摂食障害への対応

　重度・重複障害児の場合，嚥下機能が未熟なため，摂食行為そのものに課題をもっている場合が少なくない。摂食行為は生命や健康の維持に不可欠なものであるが，特に重度・重複障害児が咀嚼を十分にしないで飲み込む場合など，誤嚥や窒息という生命のリスクに直結する場合もある。しかし，重度・重複障害児の場合，食べることに強いこだわりを有している場合もあり，生活の中で摂食行為の比重は小さくない（なお，ここでは拒食症，過食症等については触れず，嚥下障害等の機能的な摂食障害に限定して解説する）。

　まず，当該児童生徒の摂食・嚥下機能がどの程度であるかを把握し，その状態に適した食物形態を検討する必要がある。食塊が口腔から咽頭に送り込まれ，咽頭に達すると，食塊を咽頭から食道まで運ぶ運動を起こす反射運動（嚥下反射）が引き起こされる。そのメカニズムがスムーズに進まない場合，誤嚥等のトラブルから，窒息や呼吸困難，誤嚥性肺炎などのリスクが高まることになる。当該児童生徒の嚥下機能を評価した上で，普通食（常食），一口大のきざみ食，とろみ付け等を施した軟食，ミキサーでペースト状にした流動食（初期食），ミルクなどを用意する。経口による栄養摂取が不可能または十分な量の経口栄養摂取が困難な子どもには経管栄養が必要となる（経口栄養との併用も含む）。経管栄養には鼻から胃に経管栄養チューブを挿入する経鼻栄養法，胃に瘻孔という穴をあけてチューブを挿入する胃瘻栄養法，腸に瘻孔をあけてチューブを挿入する腸瘻栄養法などがある。

　また摂食行為と関連して，食事の姿勢や体幹の位置にも留意が必要となる。適切な姿勢の保持は，スムーズな摂食・嚥下に不可欠である。可能であれば座位などの姿勢で，それが困難な場合は，頭部を前傾気味にするなど，徐々に姿勢を起こすことが求められる。それにより，胃食道

逆流などを予防することにもつなげることができる。

　摂食介助は，当該児童生徒の口腔機能，嚥下機能，感覚過敏等を把握した上で，必要に応じて，食物が口からこぼれないよう下顎や口唇を支えるなどの援助や，口腔や顔への刺激，食物を見たりにおいをかぐといった視覚や嗅覚等の刺激も活用しながら進められる。

　なお，重度・重複障害児の嚥下機能は年齢の上昇とともに低下するともいわれており，観察可能な範囲での口腔機能（たとえば咀嚼や舌での送り込み）と比べて嚥下機能が低下し，両者の機能が乖離してくることがある。また，衛生面で細心の注意が必要なことはいうまでもない。

（2）　変形・側弯への対応

　重度・重複障害児にあっては，筋緊張の異常やまひなどのために，特に年齢の上昇とともに脊柱側弯等の四肢体幹の変形や拘縮が生じ，成長期を中心に悪化するといわれている。側弯の発生頻度は17〜65％で，重症四肢まひや座位不能例に多く，股関節脱臼も合併するとされる（岩﨑，2007）。変形は姿勢保持や姿勢の変換を困難にするばかりでなく，呼吸などの機能にも影響がある。特にデュシェンヌ型筋ジストロフィーの患者の7割以上が20度以上の側弯を有することや，側弯症が進行性であること，側弯症の進行が呼吸低下や，日常生活動作，QOLの急激な低下の原因となることなどが知られている（日本神経学会ほか，2014）。

　外科的な治療やケアを必要とすることはいうまでもないが，学校や療育の場面では，主に側弯の進行を抑制するという観点から運動療法を取り入れた支援が行われている。背を伸ばすことや，呼吸を通して肺や肋骨を広げるよう意識すること，また側弯を悪化させないような体位の維持など，姿勢の保持に関する点が特に留意すべき点として知られている。

（3） 呼吸障害への対応

　重度・重複障害児は，痰がたまりやすく，喘鳴等による呼吸困難，気管支炎などを引き起こしやすく，呼吸が不安定であることが多い。呼吸が安定していることは，生命や健康の保持にはもちろん，日常生活や学校での活動の質をも大きく左右するものであり，呼吸の安定に向けた支援は極めて重要である。

　呼吸の評価として，パルスオキシメーターによる血中酸素濃度（動脈血酸素飽和度：SpO_2）と心拍数を計測する方法がある。特に慢性心疾患や慢性の呼吸器疾患の患児や，誤嚥性肺炎を繰り返す患児には必要なケースが多いとされている。

　呼吸障害への対応として，姉崎（2016）に基づいて3点を紹介する。第一に，気道の確保である。換気の効率を少しでも高め，痰を出やすくする支援が求められる。一般的には，側臥位や腹臥位，座位のときに気道は確保しやすいとされ，当該児童生徒の呼吸の安定する姿勢・体位にも留意する必要がある。第二に，姿勢を安定させることである。気道確保しやすく，本人が安定してリラクゼーションを得られるような姿勢を確保できることが重要である。必ずしも寝たきりが安定，安楽の姿勢とは限らず，寝たきりの場合褥瘡を予防するための体位交換が必要となる。第三に，排痰を促す体位の確保である。痰を出しやすくするためには側臥位や腹臥位が望ましいとされる。また排痰そのものを介助する方法として，体位排痰法にタッピング（軽打）を加える方法や，揺すり手技などがある。

　また，日常生活場面の温湿度を安定させること，空気が乾燥する冬などはネフライザーによる加湿が必要となる場合があるなど，日常の環境調整も学習参加に不可欠であることを確認しておきたい。

3. 重度・重複障害児教育の実践的課題

　重度・重複障害児はその発達特性，障害特性等のため，自立活動（第6章参照）や姿勢の獲得・維持といったごく初歩的（原初的）な学習内容を扱うことが多い。本節では，紙幅の都合から，自立活動の指導，ポジショニング指導について紹介した後，学校で行われる医療的ケアについても述べる。

（1）　自立活動の指導

　自立活動は特別支援学校の学習指導要領等で定められている学習の内容である。具体的な項目については第6章の表6-4を参照していただきたい。

　特別支援学校学習指導要領解説（自立活動編）では，「指導計画の作成と内容の取扱い」の中で，重複障害児への自立活動の指導にあっては「全人的な発達を促すことをねらいとし，そのために必要な基本的な指導内容を個々の児童生徒の実態に応じて適切に設定する必要があ」り，「取り上げた指導内容を相互に関連付けて総合的に取り扱い，しかも段階的，系統的な指導が展開できるよう配慮することが，全人的な発達を促す上からも必要である」と記載されており，個々の実態にあわせた計画的な指導が積み重ねられることが期待されている。その際，個別の指導計画を作成して指導にあたることが求められる。個別の指導計画とは，当該の児童生徒の実態把握に基づいて，指導の目標，内容，方法，必要な手立て，評価の観点などをより具体化したものとして，教員間での指導内容等の共通理解を図るためなどに活用されている。

　また，特に重度・重複障害児の自立活動の学習では，個々の実態に応じて様々な専門的な指導法が活用される。たとえば，ムーブメント教育

は，身体運動をベースとした治療教育法で，フロスティッグ（Frostig, M.）によって提唱されたものに基づいており，走る，跳ぶといった動作を含む運動を通して，身体能力のみならず，認知機能の向上も目指すものである。感覚統合療法は，米国の作業療法士エアーズ（Ayers, A. J.）によって提唱されたもので，触覚，固有受容覚，前庭覚への刺激を取り込んで処理した感覚を，行動の企画や統合に使えるようになるための運動や遊びの活動を取り入れた技法である。元々は学習障害などの子どもを想定して開発された理論と実践であるが，重度の障害児に対しても有効と考えられ，実践が蓄積されてきている。その他，中枢神経系の可塑性に働きかけるというボバースの理論に基づく治療教育法，反射性移動運動を活用したボイタ法などがある。

特にいわゆる超重症児の場合などは，「無反応，無関心，無表情などと言われ，自発行動の乏しい存在と見られてしまいがち」であるものの，身体の「どの部分から働きかけていくかを考え，その子に合った適切な働きかけを探し出し，タイミングよく働きかけてい」くことが重要である（進，2010）。そのためには，聴覚刺激や視覚刺激と同様に，触覚刺激に働きかけることも求められる。それによって様々な認知的，行動的反応を示しうる存在であるということを改めて確認したい。

（2）　ポジショニング指導

重度・重複障害児は臥位で過ごすことが多いため，臥位でいる時間帯のポジショニングや姿勢管理は，変形・拘縮の進行を抑制するばかりでなく，日常の生活や学習の質やバリエーションを増やす上でも重要である。たとえば多くの時間を背臥位で過ごし，他の体位を能動的にはとりにくい重度・重複障害児の場合に，ヘッドコントロールを促すような目的的な活動を組み合わせることが有効と考えられている。身辺処理，食

事，遊びや運動発達といった活動の内容や目的に照らしたポジショニングの獲得が必要であり，場面に応じた姿勢の獲得が求められる。また，定位・探索行動と呼ばれる事物操作の学習を通して，外界認識を広げることを目指すことも有効である（片桐ほか，1999）。さらに，重度・重複障害児のポジショニングの獲得に関しては理学療法の観点からの研究も多く，多職種による領域横断的なアプローチに基づく支援も重要である。

（3） 医療的ケアの動向

　特別支援学校では，痰の吸引，経管栄養，酸素注入などの医療的ケアを必要とする児童生徒が増加傾向にある。2012年より，訓練を受けた教員が医療的ケアを行うことが制度上可能となった。文部科学省の「特別支援学校等における医療的ケアの実施に関する検討会議」で整理された，教員の行う医療的ケア（特定行為）は，口腔内の喀痰吸引，鼻腔内の喀痰吸引，気管カニューレ内部の喀痰吸引，胃ろう又は腸ろうによる経管栄養，経鼻経管栄養である。所定の研修を修了したことを都道府県知事に認定された教員等による，特定行為の実施が可能となる。医療的ケアを行う場合には，医療的ケアを必要とする児童生徒等の状態に応じて，看護師等を中心とした連携協力が必要であること，医療安全を確実に確保するために，対象となる児童生徒等の障害の状態や行動の特性を把握し，特定の児童生徒等との十分な信頼関係を築いている教員や介護職員が担当することが望ましいことなどが指摘されている。

　そして医療的ケアが教員によって実施されることで，教育内容の深まりなどの効果も見られているといわれる。たとえば北住（2015）では，子どもの精神的成長が見られ，母子分離が図られたこと，生活リズムが確立し，欠席日数が減少したこと，授業中に子どもを保健室に連れてい

くことがなくなり，授業を継続して受けられるようになったことなどが
紹介されている。

4. 総 括

　本章で確認したように，重度・重複障害児への対応は生命や健康の維
持から，認知発達，経験世界の拡張まで，広範に及んでいる。個々の障
害や発達の実態の把握の上で，基礎的な学習を蓄積し，対象となる児童
生徒等の QOL を高めるための指導実践の蓄積や，医療を含めた多領域
の専門家との連携協働を通したチームアプローチがより一層求められて
いることにも注目していただきたい。

参考文献

姉崎弘（2016）『特別支援学校における重度・重複障害児の教育（第３版）』大学教育出版

岩﨑信明（2007）「重症心身障害児」（宮本信也・竹田一則編著『障害理解のための医学・生理学』明石書店）

片桐和雄・小池敏英・北島善夫（1999）『重症心身障害児の認知発達とその援助』北大路書房

北住映二（2015）「医療的ケアとは」（日本小児神経学会社会活動委員会ほか編『新版　医療的ケア研修テキスト』クリエイツかもがわ）

進一鷹（2010）『重度・重複障がい児の発達と指導法　教材づくりの指導の実際』明治図書

特殊教育の改善に関する調査研究会（1975）「重度・重複障害児に対する学校教育の在り方について（報告）」www.mext.go.jp/b_menu/shingi/chukyo/chukyo3/003/gijiroku/05062201/001.pdf（最終閲覧日2018年２月28日）

日本神経学会，日本小児神経学会，国立精神・神経医療研究センター（2014）『デュシェンヌ型筋ジストロフィー診療ガイドライン2014』南江堂

文部科学省（2018）『特別支援学校教育要領・学習指導要領解説　自立活動編（幼稚部・小学部・中学部）』開隆堂

文部科学省（2011）「特別支援学校等における医療的ケアの今後の対応について（通知）」（初等中等教育局長通知23文科初第1344号）

11 | 自閉スペクトラム症と非定型発達

藤野　博

《目標＆ポイント》　自閉スペクトラム症（ASD）の児童生徒の行動，認知，および情動面の発達の特徴と，それらを背景として生じる学習とコミュニケーションにおける諸課題について学ぶ。そして「定型的でない発達」というASD理解における近年の視点と，ASDの子どもの特性に配慮した支援と教育の方法を解説する。
《キーワード》　自閉スペクトラム症（ASD），行動，認知，情動，学習，コミュニケーション，非定型発達

1. 自閉スペクトラム症（ASD）とは

（1）　診断基準

　自閉スペクトラム症（Autism Spectrum Disorder：ASD）とは自閉症の特徴をもつ発達障害のことである。精神医学の国際的な診断基準の最新版であるDSM-5によると，次のような基準で診断される。
A．複数の状況で社会的コミュニケーション及び対人的相互反応における持続的な欠陥があり，以下により明らかになる。
　⑴　相互の対人的─情緒的関係の欠落で，たとえば，対人的に異常な近づき方や通常の会話のやりとりができない。
　⑵　対人的相互反応で非言語的コミュニケーション行動を用いることの欠陥。
　⑶　人間関係を発展させ，維持し，それを理解することの欠陥。

第11章　自閉スペクトラム症と非定型発達 | **167**

B．行動，興味，または活動の限定された反復的な様式で，以下の少な
くとも2つにより明らかになる。

　(1)　常同的または反復的な身体の運動，物の使用，または会話。

　(2)　同一性への固執，習慣への頑なこだわり，または言語的，非言
　　　語的な儀式的行動様式。

　(3)　強度または対象において異常なほど，極めて限定され執着する興味。

　(4)　感覚刺激に対する過敏さまたは鈍感さ，または環境の感覚的側面
　　　に対する並外れた興味。

C．症状は発達早期に存在していなければならない。

D．その症状は，社会的，職業的，または他の重要な領域における現在
の機能に臨床的に意味のある障害を引き起こしている。

E．これらの障害は，知的能力障害または全般的発達遅延ではうまく説
明されない。

　　（『DSM-5　精神疾患の診断・統計マニュアル』（医学書院，2014）より引用）

（2）　コミュニケーションの問題

　対人的なコミュニケーションの問題がASDの中心課題である。次の
ようなエピソードがある。ASDのある子の母親に用事があり，電話を
かけたら，その子が電話口に出た。「お母さんいる？」と聞くと「うん，
いるよ」と答えたが，それきりで，母を呼びに行く気配がない。この場
面での「お母さんいる？」という質問は，母が家にいるかどうかの確認
だが，いたら電話を代わってほしい，というお願いも含まれる。この子
は話の背後にある意図に気づくことができなかったのだろう。この例の
ように，コミュニケーション場面で意図を効果的に伝えるためにことば
がどのように使われているかを研究する分野を「語用論」という。

　ASDの人は人とかかわる際に語用論の問題がよく現れる。この問題

表11-1　ASDにおける語用の障害

【意図理解の問題】
・間接発話の誤解
・相手の発話意図の理解困難
・過剰な字義通りの理解

【情報伝達の問題】
・聞き手の知識を考慮しない
・重要な情報を後回しにする

【場面や相手に応じた話し方の問題】
・丁寧さの調節の失敗
・年齢差を考慮しない話し方

【会話の問題】
・聞き手の注意を得ない
・話題が維持されない
・不適切な発話の交替
・同意を得ない話題の変更
・要請された明確化の失敗

を大井（2006）を参考にして表11-1にまとめた。先にあげた例は間接発話の誤解で「お母さんいる？」という発話を字義通りに受け取り，それが電話を代わって欲しいという間接的な要求であることに気づかなかったのだ。

　会話の問題もよく見られる。話すときに聞き手の注意を得ないため，独り言のようで誰に話しかけているかわかりにくい。相手の話にあわせ話題を維持することの難しさや，相手がまだ話しているのに割り込み，自分が話したいことを一方的に話すことなどもある。

また，場面や相手に応じた話し方にも困難を抱え，丁寧さの調節が上手にできないという問題もある。親しい友達とは，なれなれしく話し，先生に対しては丁寧な言い方をする，といったように場面に応じたことばの使い分けが難しい。

文部科学省は通常の学級において発達障害の可能性のある児童生徒の実態調査を定期的に行っている。その調査票で次のチェック項目がこれらの問題に該当する。

・含みのある言葉や嫌みを言われてもわからず，言葉通りに受けとめてしまうことがある。

・いろいろなことを話すが，その時の場面や相手の感情や立場を理解しない。

・周りの人が困惑するようなことも，配慮しないで言ってしまう。

・会話の仕方が形式的であり，抑揚なく話したり，間合いがとれなかったりすることがある。

そのほか，人の話を聞きもらすことも多い。これは一対一の場面よりも学校の授業のような集団の中で起こりやすい。先生が話をするとき，話す相手は特定しないが，児童生徒は自分に話しかけていると感じて先生に注意を向ける。特に意識せず自動的に心のスイッチが入るのである。しかし ASD の子どもの場合，そのような自動的な相手への注意のスイッチが入りにくい。自分の方を見て，自分に話しかけている様子が見えると話を聞けるが，不特定多数に話している様子だと，自分に話しかけているという認知がなされないため，ことばが入ってこない。

（3） 認知の特徴

ASD の認知面の特徴として心の理論，中枢性統合，実行機能の障害があると考えられている。

心の理論とは，欲求，信念，意図など人の心の状態を読み取る力のことで，社会的認知と呼ばれるタイプの認知機能である。次のようなテスト課題でアセスメントを行う。

Aさんは箱にボールを入れて部屋を出ていきました。
そこにBさんが来て，箱の中にあったボールをバッグに入れ替えて部屋を出ていきました。
また部屋に戻ってきたAさんはボールをどこに探すでしょうか？

これは心の理論を評価する課題の一種で，他者の視点に立って考えることが求められる。通常の発達の幼児では4〜5歳ごろに正答できるようになるが，ASDでは知的発達に遅れがなくとも正答することが困難で，心の理論が獲得されにくいことが明らかとなっている。ただし，ASDがあっても言語発達が9〜10歳レベルになると正答できるようになる。しかし，テスト場面では正答できても，日常生活場面で自発的に相手の気持ちに気づくことには困難が続く。

中枢性統合とは，様々な刺激の中から必要な情報のみを抽出して意味のあるまとまりとして把握する機能である。ASDの人たちの特徴として「木を見て森を見ない」傾向があることがよく指摘されるが，これは中枢性統合の弱さという観点から説明されている。このような特性は，要点だけをざっくりとではなく，細部までもらさず情報が入力されるような記憶力の強さにも関連している。

実行機能は，問題解決において目標に向けて心的な構えを維持する能力である。目先の刺激に直接反応することを抑制すること，目標を思い描きながら一連の活動を計画的に行うことなどが含まれる。オーケストラにたとえるなら，個々の演奏者でなく指揮者に相当する役割である。ASDの人たちにおいては実行機能の障害があり，ある状況の中で先の

見通しをもち行動の計画を立てることが難しいことが多い。

ASD の人たちの日常の生活やコミュニケーション，学習における問題は，この３つの認知の視点から説明することができる。心の理論が対人コミュニケーションに重要であることはいうまでもない。たとえば，悪気はないのに相手が嫌がることをさらりと言ってしまうのは，自分の発言がどう受け取られるかを相手の視点に立って考えることが難しいためであり，心の理論の問題によると考えられる。中枢性統合や実行機能は我々の活動全般に関係する。日々の生活は，間断なく入ってくる情報をふるいにかけ，必要な情報にのみポイントをしぼって注目することができなければ混とんとしたものになり，何をどのように行っていけばよいか見通しがもてず，段取りがわからなければ不安に満ちたものになるだろう。

（4）　情緒面の問題

発達障害の人は失敗経験を重ね，二次障害として精神的健康面の問題を抱えやすい。ASD の人たちは，うつ，不安障害，怒りの抑制困難などが生じやすい（Attwood，2006）。小・中学生を対象とした大規模調査から，ASD の行動特性を多くもつ者ほど精神医学的症状を合併する割合が高いことが報告されており（森脇・神尾，2013），不安やうつなどの情緒的問題を抱えるリスクは ASD 児童では定型発達児に比べ20倍という統計もある（神尾ほか，2013）。

情緒面の安定はコミュニケーションや学習の前提になるものであり，近年，その重要性はますます認識されるようになり，支援における重点課題の一つとなっている（藤野，2013）。

（5）　学習場面での問題

ASD の児童生徒は，学習場面でどのような困難を抱えるだろうか。

国語では作文と長文読解に，算数では文章題を解くことに苦労することが多いようである。総合学習への参加も難しい。これらの課題に取り組むことの難しさは，先にあげたASDの人たちの認知の特徴からある程度説明できる。

　たとえば，作文を書くプロセスを考えてみる。作文では，まずテーマを考える必要がある。ついで筋を組み立てる。これらには実行機能であるプランする力が必要となる。そして，文章に内容を盛り込む際に，頭に浮かんだイメージを取捨選択しなければならない。幹になる事柄と，枝葉の事柄を整理する必要がある。それは中枢性統合の働きといえる。また，自分が書いた文章が相手にどう伝わるかを想像しながら表現を整えることは心の理論が関係するだろう。

　また，長文読解では，たくさんの文章の中からポイントになる部分を見つけ出さねばならない。この文章は何について書いたものですか，3点にまとめなさい，などと問われるが，それを行うためには「幹」と「枝葉」をより分ける中枢性統合の働きが求められる。また，作者の意図や登場人物の心情の理解には心の理論が関係する。以上の関係を図11-1にまとめた。

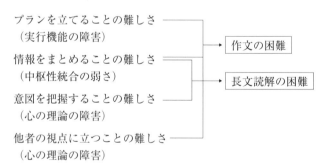

図11-1　ASD児の認知の特徴と学習の問題の関係

2. 非定型的な発達という視点

　自閉症は1943年にカナーによって最初の症例が報告され，精神医学的な疾患として認知されるようになった。カナーが報告したタイプの自閉症は知的障害を伴うことが多く，特別支援教育や療育の対象となってきた。

　こうした自閉症の概念は近年変わってきている。イギリスでの実態調査により自閉症の特性は幅広く存在することが示唆され（Wing & Gould, 1979），連続体を意味する「スペクトラム」の概念が提唱された（Wing, 1981）。そのような動きの中でDSMの第4版までは自閉性障害（自閉症），アスペルガー障害（アスペルガー症候群），レット症候群，特定不能の広汎性発達障害（PDD-NOS）などを含む「広汎性発達障害」という包括的なカテゴリーが設けられていたが，最新版の第5版では，「自閉スペクトラム症／自閉症スペクトラム障害（Autism Spectrum Disorder：ASD）」に名称が変わり，下位分類がなされなくなった。

　イギリスなどでは最近，Autism Spectrum Condition（ASC）という用語も使われるようになった（Baron-Cohen *et al.*, 2009）。これは「自閉スペクトラム状態」と訳すことができる。ここでいう自閉スペクトラムの「状態」とは「特性」を意味する。そして，ASC／ASDの対になる概念は「健常（normal）」ではなく「定型（neurotypical）」である。このような見方は「神経多様性（neurodiversity）」という考え方に発展していっている。この概念はASD当事者により発案されたものである（Singer, 1999）。神経多様性の考え方によると，ASDは「病」としてでなく非定型的すなわちユニークなタイプの脳として見ることができ，常に治療の対象になるわけではない（Fenton & Krahn, 2007）。ユニークな特性を長所として認め，伸ばすことが今日のASD児者支援で

は重視されている。

3. 支援と教育について

　英国自閉症協会は，ASD 者の支援について，次の 5 つのことを推奨している。「構造化」「肯定的なアプローチ」「共感」「低い覚醒」「連携」である。

　「構造化」とは見ただけでわかるように生活や学習の環境をシンプルに整えることである。「肯定的なアプローチ」とは，できないことを取り上げて特訓するよりも，できていることや得意なことに目を向け，それを伸ばす考え方である。「共感」とは ASD の人の感じ方を想像し，歩み寄る考え方である。第 1 節で ASD の人の「木を見て森を見ない」という「認知の特徴」について述べたが，外的世界の経験の仕方が定型発達者と異なっているなら経験を共有することが難しくなり，共感が成り立ちにくい。ASD の人の物事の感じ方や興味の所在を想像することは共感につながり，関係を築きやすくする。また，ASD の人は定型発達の人よりも覚醒水準が高く，少しの刺激で興奮したり怒ったりしやすい。「低い覚醒」とは，そのような特性に対応した刺激を統制し穏やかな接し方をする配慮である。「連携」とは，家族や支援者など ASD 児者の関係者が情報を共有し，一貫したサポートを行うことである。

　また，米国自閉症教育研究協議会は，ASD 児の教育について次の 6 項目を推奨している（National Research Council, 2001）。

① 　音声言語や AAC を使った機能的で自発的なコミュニケーション
② 　親や仲間との発達的に適切なソーシャルスキル
③ 　仲間との遊びのスキル
④ 　般化に焦点を当てた認知発達の様々な目標
⑤ 　行動問題への積極的行動支援

⑥　機能的なアカデミックスキル

　このうち，①〜③については次章で解説する。本章では，⑥に関係する ASD の児童生徒への学習支援の方法について以下に紹介する。

　先述したように ASD の子どもたちは作文をもっとも苦手とすることが多い。なぜ苦手なのかも認知の特徴と関係づけて説明した。作文について「急に書けっていわれても何を書いていいかわからない」との子どもの訴えを聞いたことがある。そのような作文が苦手な子どものための作文の支援法がある。写真を活用する方法である。夏休みの思い出を作文に書きなさい，といった宿題はよくあるものだが，それにそなえて，参加したイベントの写真を撮りためておく。そして，その写真を使って，次の手順で進める。まず，撮った写真を机の上に広げる。そして，その写真の中から，取り上げたい写真を選ぶ。何枚かの写真を選んだら，次に，その写真を活動を行った順番に時系列に沿って並べる。つまり写真で話の流れをつくる。それから，順番に並べた写真の最初の写真から，その写真に写っていることを文で表す。1 つの写真に 1 つの文を書けば可とする。そして，文と文のつなぎ方や出だし，終わりの表現などは手伝ってもらいながら文章全体をまとめる。写真の選択は中枢性統合へのサポート，写真を手に取ってそれを見ながら並べることは実行機能へのサポートに相当する。

　また，口頭で伝えるだけでなく文字で示すと情報が入りやすくなる。先に述べたように，ASD の子どもは集団の中では人の話を聞いていないことが多い。話し言葉のような音声情報は一瞬で消えるので，人が話しているその時にタイミングをあわせて注意を向けないと情報が取得できない。それに対して文字情報は自分のタイミングで情報を取得することができる。それゆえ，重要なことは板書したり，個別に伝えたいことはメモに書いてわたすと効果的である。

設問形式としては「なぜ？」を問うようなオープン形式の質問は
ASD の児童生徒には概して答えにくい。設問を穴埋め式や選択式にす
るなど解答の枠組みを設定すると答えやすくなる。

また，教師が学級で合理的配慮としてできることとして，曖昧さをな
くしできるだけ具体的に話すことがある。先の例で言えば，「お母さん
いる？」でなく，「お母さんがいたら電話を代わって」という言い方で
伝えるほうが理解しやすくなる。そのような配慮は通常の学級でも無理
なくできる支援であろう。

引用文献

Attwood, T. (2006). *The Complete Guide to Asperger's Syndrome.* JKP.

Baron-Cohen, S., Scott, F. J., Allison, C., Williams, J., Bolton, P., Matthews, F. E., &
Brayne, C. (2009). Prevalence of autism-spectrum conditions: UK school-based
population study. *The British Journal of Psychiatry*, 194, pp.500-509.

Fenton, A., & Krahn, T. (2007) Autism, neurodiversity and equality beyond the
'normal'. *Journal of Ethics in Mental Health*, 2, pp.1-6.

藤野博 (2013)「学齢期の高機能自閉症スペクトラム障害児に対する社会性の支援
に関する研究動向」(『特殊教育学研究』51(1), pp.63-72)

Happé, F. (1999) Autism: Cognitive deficit or cognitive style? *Trends in Cognitive
Sciences*, 3, pp.216-222.

神尾陽子・森脇愛子・武井麗子ほか (2013)「未診断自閉症スペクトラム児者の精
神医学的問題」(『精神神經學雜誌』115(6), pp.601-606)

文部科学省 (2012)「通常の学級に在籍する発達障害の可能性のある特別な教育的
支援を必要とする児童生徒に関する調査結果について」(http://www.mext.go.jp/
a_menu/shotou/tokubetu/material/__icsFiles/afieldfile/2012/12/10/1328729_01.
pdf)

森脇愛子・神尾陽子 (2013)「我が国の小・中学校通常学級に在籍する一般児童・
生徒における自閉症的行動特性と合併精神症状との関連」(『自閉症スペクトラム

研究』10(1)，pp.11-17)

National Research Council (2001). *Educating children with autism*. Washington, DC: National Academy Press.

米国精神医学会原著，日本精神神経学会監修（2014）『DSM-5　精神疾患の診断・統計マニュアル』医学書院

大井学（2006）「高機能広汎性発達障害にともなう語用障害：特徴，背景，支援」（『コミュニケーション障害学』23(2)，pp.87-104

Singer, J. (1999). Why can't you be normal for once in your life? From a 'problem with no name' to the emergence of a new category of difference. In M. Corker & S. French (Eds.), *Disability discourse* (pp.59-67). Buckingham, UK: Open University Press.

Wing, L. (1981). Asperger's syndrome: A clinical account. *Psychological Medicine*, 11, pp.115-129.

Wing, L., & Gould, J. (1979). Severe impairments of social interaction and associated abnormalities in children: Epidemiology and classification. *Journal of Autism and Developmental Disorders*, 9, pp.11-29.

参考文献

本田秀夫（2013）『自閉症スペクトラム』ソフトバンク新書

金沢大学子どものこころの発達研究センター（2013）『自閉症という謎に迫る』小学館新書

日本発達心理学会編（2018）『発達科学ハンドブック（第10巻）自閉スペクトラムの発達科学』新曜社

千住淳（2014）『自閉症スペクトラムとは何か』ちくま新書

12 | コミュニケーション支援

藤野　博

《目標＆ポイント》　ことばや社会性の発達に課題をもつ，主に ASD の児童
生徒に対するコミュニケーション支援の考え方と方法について学ぶ。話しこ
とばによる意思伝達が困難な場合に適用される補助代替コミュニケーション
（AAC）と，社会性の発達支援であるソーシャルスキル・トレーニング（SST）
を中心とし，仲間関係を促進する余暇活動の意義とその支援についても解説
する。
《キーワード》　コミュニケーション支援，補助代替コミュニケーション
（AAC），ソーシャルスキル・トレーニング（SST），余暇支援

1. 補助・代替コミュニケーション（AAC）

（1）　AAC の考え方

　ICF（国際生活機能分類）の理念によると，障害は個人のみに帰せら
れるべき問題でなく，個人と環境との相互作用の中で生じる。そのよう
な障害概念の転換を背景としてコミュニケーション支援の考え方も大き
く変化した。こうした動向の中で，話し言葉に障害のある人を支援する
考え方として，AAC（Augmentative & Alternative Communication：
補助・代替コミュニケーション）の概念が生まれた。

　AAC は「重度の音声／文字言語の表出／理解の障害のある人々の一
時的あるいは永続的な機能障害，活動の制限，参加の制約を補償するこ
とを目的とする研究・臨床・教育実践の領域」と定義されている

(ASHA, 2005)。これは，音声言語の獲得訓練を中心とした支援から多様なコミュニケーション手段を活用した参加の可能性を拡げる支援へ，という方向を目指しており，インクルージョンの理念に沿った考え方といえるだろう。

（2） 様々なコミュニケーション手段
1） 補助ツールを使う場合

　写真や絵などの視覚的な媒体を指さして意思を伝える方法は，伝える側にとっても伝えられる側にとっても理解しやすく，音声のように一瞬で情報が消失しないため注意力や記憶力への負荷がかからない。またメッセージを選択するだけであるため表出にかかる負荷も少ない。絵などをボード上に配置したものは"コミュニケーション・ボード"，複数のボードをページに綴じたものは"コミュニケーション・ブック"と呼ばれる（図12-1）。

　コミュニケーション・ボード／ブックに配するメッセージは利用者の必要性にあわせて選ぶ。またメッセージの表示形式は，写真，絵，絵記

図12-1　コミュニケーション・ブック

号（ピクトグラム）などを認知レベルに応じて使用する。視覚的媒体によるコミュニケーションには多くの利点がある一方，その場にツールがないとコミュニケーションできない，伝えたいメッセージを表す絵が常にセットされているとは限らないなどの制約がある。

また，スイッチを押すと登録された音声が表出される VOCA（Voice Output Communication Aids）と呼ばれるコミュニケーション補助機器がある。VOCA は音声により相手の注意を引けるためコミュニケーションを成立させやすい，メッセージが音声言語で表出されるため相手に理解されやすいことも利点である。また表出された音声を見本として音声言語表出が促進されることもある（藤野，2009）。

2）　補助ツールを使わない場合

コミュニケーション・ボードや VOCA などの補助的なツールを使わないコミュニケーション手段にジェスチャーや身振りサインなどがある。身振りサインとは手話のように系統的な身振りのシステムのことでマカトン（Makaton）がよく知られている。マカトン・サインは手話を簡略化したもので知的障害を伴った聴覚障害の人たちのために開発され，知的障害の人たちに幅広く使われるようになった（上野・津田・松田，1989）。

身振りサインは特定のツールを必要としないため，自然なコミュニケーションが可能なことに利点がある一方，新たな語彙を習得するために動作を模倣することが求められること，手話と同様にそれを知らない人には伝わりにくい点などに制約がある。

第12章　コミュニケーション支援 | **181**

（3）　AAC の指導・支援

1）　AAC の指導法

a　伝達場面設定型の指導

　知的障害や自閉症などがある場合には，AAC 手段を利用者に提供するだけでは十分でなくそれを使えるように指導する必要がある。そのための指導はコミュニケーションの必然性がある場面で行うとよい。伝達の必要性がある場面やコミュニケーションの機会を意図的に設定し，その状況においてコミュニケーションの仕方を教える。たとえば，欲しい物があるが子どもが自分では手に入れられず大人に要求する必要がある場面などを設定する。そのような伝達場面設定型の指導システムとしてPECS がある。

b　PECS（絵カード交換式コミュニケーションシステム）

　PECS（The Picture Exchange Communication System：絵カード交換式コミュニケーションシステム）は，主に自閉スペクトラム症（Autism Spectrum Disorder，以下，ASD）の子どもを対象とした AAC の指導システムで，コミュニケーションの相手を探しその相手に向けて自発的にコミュニケーションを開始することに重点が置かれている（Frost & Bondy，2002）。子どもが好きな物の絵・写真カードを相手に手渡して相手から好みの物（好子）を受け取るという絵カードと物の交換を基本とする。

　指導に先立ち，好子を把握するアセスメントが行われ，それに続き，6つのフェイズ（段階）からなる指導が実施される。フェイズ I では，絵カードを相手に手渡し，好子を受け取る。フェイズ II では，離れた所にあるカードをとりに行き，それを離れた場所にいる相手に手渡し好子を受け取る。フェイズ III では，コミュニケーション・ブックの中にある複数のカードから選択し好子と交換する。フェイズ IV では，絵で文（○

○ください等）をつくって要求する。フェイズⅤでは，「何が欲しいの？」の質問に応じてカードで文をつくって要求する。フェイズⅥでは，「何が見えますか？」などの質問に応じ絵で「○○が見えます」という文をつくって表現する。

　PECSでは，フェイズⅡまでコミュニケーション・パートナーと身体プロンプターに分かれて2人で指導する。これはコミュニケーション場面で大人による促しが先行することによって生じるプロンプト依存を避けるためである。このようにコミュニケーションの相手と援助する人の役割分担を明確にする点にPECS指導の特徴がある。

　PECSはカードで意思を伝達するスキルの獲得を主な目標とするが，この指導を行っていくうちに，アイコンタクトなどのコミュニケーション行動や話し言葉が増えるなどの変化があることが報告されている（藤野，2009）。

2）　指導・支援における留意点

　伝達場面を設定しての系統的な指導とともに，日常生活の様々な場面で実際のコミュニケーションの機会に即してコミュニケーションの仕方を教えることも重要である。自然なコミュニケーションの文脈でAACの使い方を学び，その効果を実感することはコミュニケーションスキルを定着させるために効果がある。

　AACによる指導・支援において最も大切なことは，子どもの自発性を尊重し子ども自身にコミュニケーションの動機がある場面で教えることであろう。また，学校やクラスのコミュニケーション環境を整え，家庭と連携してコミュニケーション手段を共有する必要もある。

（4）コミュニケーションのバリアフリー

　社会の中には多様なコミュニケーションの実現を妨げるバリアがある

という考え方がある。それらは，施設や学校等の制度・方針として「やることになっていない」というポリシーのバリア，これまでの習慣になく今まで「やったことがない」からやらないという実施のバリア，AACは音声言語の発達を妨げるのではないか，手間がかかりそうだ，などネガティブな印象により「やりたくない」という態度のバリア，AACの用途や使い方を「知らない」という知識のバリア，AACによる具体的な援助が「できない」というスキルのバリアなどである（Beukelman & Mirenda, 1992）。

　これらのバリアを克服するためには，コミュニケーションには多様な方法があるという考え方が社会の常識になること，地域・家庭・学校にコミュニケーションのための資源が日常的にあり，その使い方を一般の人々が知っていることなどが必要であろう。

2. 社会性の発達支援

(1) ソーシャルスキル・トレーニング（SST）

1) SSTの考え方と方法

　他者と良好な関係を築き，それを維持し，円滑な社会生活を送るために役立つ技能を「ソーシャルスキル」と呼ぶ。ソーシャルスキルは，社会的な状況において仲間から受け入れられる行動，人とのかかわりの中で好ましい結果をもたらす可能性を高め，好ましくない結果をもたらすリスクを減らす行動などと定義されている（Gresham, 1986）。ソーシャルスキルを獲得すると対人的な成功経験が増え，自尊感情の向上につながることが期待できる。また，ソーシャルスキルがあると，他者からの援助を引き出したり，援助を受けとめたりしやすくなるといったメリットもある。

　ソーシャルスキルを獲得することを目的として行われるトレーニング

をソーシャルスキル・トレーニング（Social Skills Training，以下，SST）という。SST では，教示，モデリング，リハーサル，フィードバック，般化，が基本的な技法となっている。教示とは，どのようなときにどのような行動をとることが望まれるか，社会的に好まれる行動とその行動の具体的なやり方について教えることである。モデリングとは，目標とする行動の見本を示すことである。リハーサルとは，教示され，見本を示された行動を実際に行ってみることである。ロールプレイともいう。繰り返し練習して自分 1 人でもできるようにしていく。フィードバックとは，目標の行動が適切にできているかどうかを伝え，振り返りをすることである。できていたら賞賛し，できていない場合，どこをどのように直せばよいか具体的に伝える。般化とは，トレーニング場面で獲得したスキルを日常生活の様々な場面で様々な人に対して活用できるよう促すことである。

2） ASD 児に対する SST

　発達障害，特に社会性とコミュニケーションの障害を主症状とする ASD の子どもたちには SST が行われることが多い。**表12-1**のようなことが指導の目標とされている（藤野，2013）。

3） 社会的認知の支援

　ASD の人たちが抱える「心の理論」の問題などの社会的状況認知の障害をサポートするツールとして「ソーシャルストーリー」がある。これは社会的な場面を理解するための手がかりと，そこで一般的に望まれる行動についての情報を物語形式の文章で表現したものである。ソーシャルストーリーによる介入は，子どもが見通しをもちにくく支援が必要な場面を把握することから始める。そして，曖昧さのない明確で具体的なことばで，その場面の社会的な意味を解説し，そこでの行動の具体例を示す。ストーリーは子どもの理解力にあわせて書かれ，理解の補助と

表12-1　発達障害児へのSSTの目標

【言葉と会話】	【友人関係】
会話の始め方，続け方，終わり方，順番交代	友人の作り方
話の聞き方，傾聴	からかいやいじめへの対処
質問の仕方	適切な友人の選択
話題の選び方，続け方，変え方	友だちネットワークの拡げ方
感情表現の仕方	仲間に入る方法・抜ける方法
丁寧な言い方	他児への関心を示すこと
挨拶	他児と一緒にうまく過ごす方法
雑談	他児を助けたり励ましたりすること
交渉	活動の変更を他児に提案すること
字義通りでない言葉の理解	【適応行動】
【援助要請】	学校での適応的な行動
大人への援助の求め方	教師にとって好ましい行動
【社会的な関わり合い】	仲間にとって好ましい行動
アイコンタクト	【感情理解】
経験の共有	顔の表情
アイデアの共有	声の音調

図12-2　コミック会話の例

して必要に応じ絵や写真などを添える。

　また，他者の意図や感情などの心の理解の困難によって生じたコミュニケーションのすれ違いを振り返り，問題が生じた原因を理解し，関係を修復するための支援法として「コミック会話」がある（図12-2）。

コミック会話では，コミュニケーション上の問題が起こった場面で自分や相手が行ったこと，言ったこと，相手が思っているであろうこと，自分が思ったことなどを絵と文を用いて視覚的にわかりやすく整理することで，自分の考えと相手の考えの違いへの気づきを促進する。

4） ASD の特性への配慮

ASD 児は音声言語の受容に困難を抱えることが多い。そのため情報を，文字，絵，写真などの視覚的な媒体で提示するのが有効である。SST を実施する際は，教示においては口頭で伝えるだけでなく，イラストや漫画を使うなど視覚的に示す工夫があるとよい。また，フィードバックにおいてもビデオを使うと効果的である。ただし，ASD 児にビデオの振り返りを行う場合には注意が必要で，子どもができていない場面でなくできている場面を見せたほうがよい。できていない現実を突きつけられると自分が否定されていると感じることがあるからである。逆にうまくできている自分の姿を本人が確認しながら，それを他者からも賞賛してもらえると自信と士気の向上につながる。

5） ASD 児者に対する SST の問題点

SST の問題点として般化や維持の困難がよく指摘される。般化の問題とは指導場面で習得したスキルが日常生活で活用できないことや，長続きせず，すぐに使われなくなってしまうことである。こんなエピソードがあった。小学生のA君は，会話の仕方についてトレーニングを受けた後，よくできたことを帰宅後に母親から称賛された。母親は上手にできていたから学校でもやってみてね，と言ったところ，A君は「え？これ学校でもやんなきゃいけないの？」と疑問を呈した。

般化の問題は，応用できないこと，つまり認知的な制約による場合もあるだろうが，動機付けの問題が大きいのではないかと思われる。指示されるとできるのに自発的には行わないことがよくあるからである。ス

キル獲得の必要を感じていない人たちに対する SST の問題はそこにある。

（2） 余暇活動を通じた支援

　余暇活動を通したコミュニケーション・社会性の発達促進の試みとその効果が報告されるようになった。同じ趣味や好みをもつ仲間とともに好きなこと，やりたいことに自発的に取り組む中で，他者との関わりを深めていくことには大きな可能性があると考えられる。

　日戸ほか（2010）は，ASD 児に対する共通の興味を媒介とした仲間関係形成を目的とした支援プログラムを開発・実施し，フォローアップ調査を行った。そして，「趣味の時間」と名づけられた場面で，各自の関心事を順番に披露し，仲間同士で互いの関心事を共有する活動を行い，その効果を報告している。

　また，テーブルトーク・ロールプレイングゲーム（TRPG）と呼ばれる会話型の遊びを通した ASD 児のコミュニケーション支援の試みがあり，効果が報告されている（加藤ほか，2012）。TRPG は，テーブルを囲み，紙や鉛筆・サイコロなどを使い，参加者同士の会話のやりとりで進めていく。ゲームの進行役である「ゲームマスター（GM）」を支援者が担当する。GM は事前にシナリオを用意し，ゲームの参加者は，ルールに従いキャラクターを作成して自ら設定したキャラクターを演じ，他のキャラクターとともに物語を作り出していく（**図12 - 3**参照）。

　TRPG 活動に参加した子どもたち（主に中高生）から「TRPG の後で『こういうのが良かったよね』という話題で雑談ができる。それで自然と話せるようになった」「TRPG を体験してから，前よりも会話することが楽しくなった」「TRPG は，コンピュータゲームにはない会話のやりとりが面白い」「コンピュータの RPG と違って，仲間との会話が自由

図12-3　TRPGの活動場面（加藤，2016）

にできるのが好き」などの感想が得られた（加藤・藤野，2016）。このように，TRPG活動の中で他児との会話を楽しんでいる様子がうかがえた。話題を共有するコミュニケーションはASDの子どもにとって重要なポイントになる課題であり，共通の趣味を活用した支援はその促進に有効と考えられる。

引用文献

American Speech-Language-Hearing Association (2005). Roles and responsibilities of speech-language pathologists with respect to augmentative and alternative communication: Position statement. *ASHA Supplement*, 25, pp.1-2.

Beukelman, D., & Mirenda, P. (1992) *Augmentative and Alternative Communication: Management of Severe Communication Disorders in Children and Adults*. Baltimore: Paul H. Brookes Publishing.

Frost, L. & Bondy, A. (2002) *The Picture Exchange Communication System Training Manual*. Pyramid Educational Products, Inc.

藤野博（2009）「AACと音声言語表出の促進：PECS（絵カード交換式コミュニケーション・システム）を中心として」（『特殊教育学研究』47(3), pp.173-182）

藤野博（2013）「学齢期の高機能自閉症スペクトラム障害児に対する社会性の支援に関する研究動向」（『特殊教育学研究』51⑴, pp.63-72）

Gresham, F. M. (1986). Conceptual issues in the assessment of social competence in children. *Children's social behavior: Development, assessment, and modification* (Strain, P., Gurolnick, M. Walker, H. (Eds.)), New York, Academic Press, pp.143-179.

加藤浩平・藤野博・糸井岳史・米田衆介（2012）「高機能自閉症スペクトラム児の小集団におけるコミュニケーション支援：テーブルトークロールプレイングゲーム（TRPG）の有効性について」（『コミュニケーション障害学』29⑴, pp.9-17）

加藤浩平（2016）「テーブルトーク・ロールプレイングゲーム（TRPG）を活用した社会的コミュニケーションの支援」（藤野博編著『発達障害のある子の社会性とコミュニケーションの支援』金子書房, pp.94-100）

加藤浩平・藤野博（2016）「TRPG は ASD 児の QOL を高めるか？」（『東京学芸大学紀要総合教育科学系』67⑵, pp.215-221）

日戸由刈・萬木はるか・武部正明・本田秀夫（2010）「アスペルガー症候群の学齢児に対する社会参加支援の新しい方略―共通の興味を媒介とした本人同士の仲間関係形成と親のサポート体制づくり」（『精神医学』52⑾, pp.1049-1056）

上野一彦・津田望・松田祥子（1989）『マカトン法入門』旭出教育研究所出版

参考文献

藤野博編著（2016）『発達障害のある子の社会性とコミュニケーションの支援』金子書房

秦野悦子編著（2010）『生きたことばの力とコミュニケーションの回復』金子書房

藤野博編著（2010）『自閉症スペクトラム SST スタートブック』学苑社

本田秀夫・日戸由刈編著（2013）『アスペルガー症候群のある子どものための新キャリア教育』金子書房

13 | 教育課程編成と授業づくり

村山　拓

《目標＆ポイント》　特別支援学校における教育課程編成の原理と特徴を整理
した上で，授業実践における現状と課題を概観する。また小・中学校等との
交流及び共同学習や，いわゆる通常の学級にいる要支援児への対応を踏まえ
た，インクルーシブ教育の授業づくりの可能性と課題についても検討する。
《キーワード》　教育課程，授業づくり，個別の指導計画，交流及び共同学習

1．学習指導要領と教育課程編成

　2017（平成29）年4月に特別支援学校小学部・中学部の学習指導要領
が公示された。小学校，中学校等の学習指導要領と同様に，社会におい
て活かされる資質・能力の育成や，「アクティブ・ラーニング」の視点
に基づく「主体的・対話的で深い学び」などが求められている。本節で
は，特別支援学校の学習指導要領（本章では特別支援学校幼稚部教育要
領も含めてそのように呼ぶこととする）の概要を説明し，それが教育課
程編成にどのように活用されているのかを検討したい（なお，本章では
2017年4月に公示された学習指導要領に基づいて解説している。2009年
に公示された学習指導要領は必要に応じて適宜参照していただきたい）。

（1）　特別支援学校学習指導要領の特徴
　特別支援学校学習指導要領は，小中学校等と同様に文部科学省によっ
て示されている。特別支援学校の制度にそって，視覚障害者，聴覚障害

者，知的障害者，肢体不自由者，病弱者を対象とした学習内容が示されているが，知的障害者とそれ以外の障害者とで内容の記載が大きく異なることが特徴である。たとえば，知的障害以外の4つの領域の特別支援学校小学部については，各教科の指導として，以下のように示されている。

　　各教科の目標，各学年の目標及び内容並びに指導計画の作成と内容の取扱いについては，小学校学習指導要領第2章に示すものに準ずるものとする。指導計画の作成と各学年にわたる内容の取扱いに当たっては，児童の障害の状態や特性及び心身の発達の段階等を十分考慮するとともに，特に次の事項に配慮するものとする。

（特別支援学校学習指導要領　第2章第1節第1款）

　つまり，教科学習の内容については，小学校の学習指導要領に基づいていることがわかる。知的障害以外の特別支援学校の場合，これらの内容に自立活動が加わって，教育課程が編成されることになる。これは「準ずる教育課程」などと呼ばれることがある（なお，障害が重複している等，特に必要がある場合の取扱いについては別に用意されている）。また，上記引用の最後に示される「次の事項」として，それぞれの障害の特性に応じた配慮事項が記載されている。たとえば，視覚障害者である児童に対する教育を行う特別支援学校の場合には，「児童が聴覚，触覚及び保有する視覚などを十分に活用して，具体的な事物・事象や動作と言葉とを結び付けて，的確な概念の形成を図り，言葉を正しく理解し活用できるようにすること」などといった具合である。それぞれの障害特性や障害に起因する認知特性等を十分に考慮しながら，いわゆる定型発達の同学年の子どもと同じ内容の教科学習をすることが学習指導要領には記されている。

　知的障害児を対象とする特別支援学校については，他の特別支援学校とは異なる特徴がある。まず，各教科等の構成が異なっている点である。

たとえば小学部の場合，生活，国語，算数，音楽，図画工作，体育（特別の教科 道徳については学習指導要領では別の箇所に記載されているため，ここでの説明の対象には含めないこととする）によって教科学習が構成されている。加えて，これらの教科が，小学校で指導される教科と名称を同じくしているものの，その目的，内容が異なっていることにも留意が必要である。たとえば，生活科の目標は，「具体的な活動や体験を通して，生活に関わる見方・考え方を生かし，自立し生活を豊かにしていくための資質・能力を次のとおり育成することを目指す」とされ，具体的な内容が続く。

次に，学習する教科内容が（学年ではなく）段階に分かれているということである。小学部では3段階，中学部，高等部ではそれぞれ2段階で，各教科の目標と内容を解説している。たとえば小学部の国語の場合，第1段階の目標のアとして「日常生活に必要な身近な言葉が分かり使うようになるとともに，いろいろな言葉や我が国の言語文化に触れることができるようにする」こと，第2段階の目標のアとしては，「日常生活に必要な身近な言葉を身に付けるとともに，いろいろな言葉や我が国の言語文化に触れることができるようにする」ことが掲げられている。紙幅の都合で教科全般について紹介することはできないが，児童生徒の認知発達の実態に応じて教科学習の目標が設定されていること，生活に根ざした活動を通して学習が組織されていることなどに注目してほしい。

（2）　各教科等を合わせた指導

前項で特別支援学校における教科学習の特徴を学習指導要領に基づいて検討したが，知的障害の特別支援学校と，重複障害等で必要がある場合に，各教科等を合わせた指導と呼ばれるものが実践されている。これは学校教育法施行規則第130条に基づくものである。同規則第130条第2

項には「特別支援学校の小学部，中学部又は高等部においては，知的障害者である児童若しくは生徒又は複数の種類の障害を併せ有する児童若しくは生徒を教育する場合において特に必要があるときは，各教科，道徳，外国語活動，特別活動及び自立活動の全部又は一部について，合わせて授業を行うことができる」と示されており，児童生徒の実態に応じて，より適切な学習の形態が用意されていることが確認できる。その「合わせて授業」を行うものは「各教科等を合わせた指導」と呼ばれ，代表的な指導の形態として，日常生活の指導，遊びの指導，生活単元学習，作業学習等がある。

　特に知的障害児を対象とする特別支援学校では，学年が上がるにしたがって，各教科別の学習の時間の割合も増加はしているが，「各教科等を合わせた指導」の教育課程に占める割合が総じて高いことも確認できる（**表13-1**）。

表13-1　知的障害児を対象とする特別支援学校における教科・領域の授業時数の割合（国立特別支援教育総合研究所教育相談情報提供システム（http: forum.nise.go.jp/soudan-db/）より）

	教科別の指導	領域別の指導	総合的な学習の時間	領域・教科を合わせた指導
小学部3年	23.3%	7.2%		69.5%
小学部6年	26.9%	8.5%		64.6%
中学部3年	29.2%	8.1%	4.9%	57.8%
高等部3年（普通科）	35.8%	8.6%	4.4%	51.2%

2. 特別支援学校，特別支援学級における授業づくり

（1）　授業づくりの基本的な観点

　特別支援学校や特別支援学級で学ぶ児童生徒等は，その発達の特性や状態，実態等が様々で個別に配慮すべき内容も多岐にわたるが，授業で大切にしたい観点は，他の校種と大きく隔たるものではないと筆者は考えている。たとえば，授業は，児童生徒と教材（教育内容）との出会いや，児童生徒と他者（教師，友達や仲間）との出会いを経験する場であるという基本的なスタンスは変わらない。たとえば，佐藤（2009）は「他人がしているのと同じ体験を自分がしている，自分がしているのと同じ体験を他人がしていることを知る」ことの意義を重視しているが，特別支援学校や特別支援学級のように，学習集団が比較的小規模の場合などは，特別支援教育で求められる個に応じた指導（後述）とともに，小集団の中での相互作用を促すような授業づくりが求められるといえる。

　それらの観点を指導実践に具体化したときに，以下のような事柄がポイントとなるのではないだろうか。第一に，クラスの子どもたちの認知発達の状態に基づいた教材，授業展開である。適切な難易度の課題が用意されているか，学習が単調になり過ぎず，取り組みがいがある内容か，そのことを学ぶ意味があると児童生徒が実感することができるか，といったことである。第二に，児童生徒の個々のニーズに対応できているかということである。障害特性に基づいた配慮については前節で紹介したが，実際に学習上のニーズは個別的で多様である。学習課題，環境，声かけ，学習・生活上の支援内容の整理などが求められるといえる。第三に，新しい学習指導要領でも期待されている，主体性の形成についてである。学習態度，学習の活動内容，教室内・学校内での人間関係などがその着眼点としてあげられる。

第13章　教育課程編成と授業づくり　│　**195**

（2）　見通しをもたせることと「足場かけ」

　前項で紹介した授業づくりの観点を具体化するために「わかって動ける授業」というコンセプトを念頭に置くことは有効である。特別支援教育の授業づくりでは，児童生徒に「見通し」をもってもらえ（てい）るかが頻繁に確認される。これは，児童生徒等が主体的，あるいは状況にあわせたり，状況の変化を見越して動けるようになるための基盤をつくるものと授業が理解されているためである。もう少し踏み込んでいえば児童生徒等は，手がかりから行動へ，行動を起こした次の行動へ，さらにはその結果へという一連のサイクルを見通せたときに，主体的に動くことができるようになるという考え方である。個々の児童生徒が，学習の何（あるいはどこ）でつまづいているかを把握する必要がある。教育方法学では教師の仕事は足場をかけること（scaffolding）といわれることがある（Bruner, J.）。そのままでは到達できない学習内容，学習目標に適切な形で到達できるようにすることを指してこのようなメタファーが用いられるが，まさに特別支援教育の場面での授業や関連する学習において，個々の実態に即した適切な足場をかけることが求められているといえる。特別支援学校や特別支援学級で学ぶ児童生徒，あるいは通常の学級で学び，支援を必要とする生徒の中には，適切な援助や補助的な道具，環境設定などがなされればやれることが増えるという子どもが少なくない。そのような授業を実現するために，環境調整（教材開発や準備も含む）や個別の声かけなどの人的支援が有効であることはいうまでもない。

（3）　授業づくりの具体的観点：ことばの学習を例として

　本項では，授業づくりの具体的観点として，ことばの学習を例として短く紹介する。まず，学習者のことばの力が生活年齢相当とは限らない

ケースが少なくないため，言語やその基礎となる認知機能の把握，言語使用の状況などの把握が必要となる。これは個別の指導計画（第10章参照）を作成する際にも，学習内容，目標，方法等を検討する上での出発点となる基本的な情報である。たとえば，読み書きの学習をスタートさせる低年齢や重度の障害児の場合，読み書き以前（文字化以前）の指導内容（音当て，弁別等）がどの程度行われているか，弁別等の認知発達がどの程度なされているかを把握した上で，それを授業内容に活かすことが求められる。次に，ことばの学習の場合，話す／聞く／読む／書くの各観点から，必要な力，伸ばしたい力を整理し，課題を明確にすることが必要である。障害特性によっては，特定の観点に大きな課題や困難を有する場合が考えられる。また重度・重複障害児の場合などで，全般的な学習の困難が見られる場合も想定される。その分，実態に応じた課題や手立ての設定が重要となる。

　教材については，一般的に，実物や具体物の活用が有効とされている。障害特性や個々の認知特性にもよるが，視覚，聴覚，触覚等様々な感覚を活用しながら，多面的，多角的に学習内容にアプローチできることが期待されている。たとえばことばの学習で音声のみ，文字や活字のみで学習するということは考えにくく，諸機能，諸感覚を活用した学習からスタートし，学習者の発達状況にあわせて，教材も半具体物への移行や抽象的な概念操作へと進むことになる。

　低年齢児や重度・重複障害児の学習に立ち戻って考えてみると，学習する内容，つまりその授業で特に扱うべきものを適切に抽出することも必要である。たとえば日常生活で頻繁に接する物の名称，たとえば食べ物などから学習を始めるとする。それらの具体物には，物のイメージが伴っている（たとえばリンゴの形や色）。そのようなイメージや付帯情報を関連づけることで，ことばの学習を単なる呼称や名称の学習にとど

めるのではなく，認知発達や生活世界，経験世界の拡張へとつなげていくことが可能であり，授業を通して子どもの発達を促す上で，大切にしたいことでもある。また，たとえば書字動作についても，それが様々な機能の組合せで成り立っていることがわかる。たとえば単に手指の機能だけでなく，視知覚機能，目と手の協応動作などである。それらの実態を適切にアセスメントした上で，学習目標やその達成の道筋を具体化した個別の指導計画を作成しながら指導実践を進めていくことが必要となる。

　ことばの学習に関連して，もう1点，リテラシーの獲得に基づく学習集団への参加の可能性についても考えておきたい。昨今，障害のある子ども，ない子どもという区分を超えて，様々なバックグラウンドをもった子どもたちがともに学べるようにするインクルーシブ教育の理念と実践が広がっている。授業づくりに関しても，そのような多様な子どもが学ぶ状況で，その教材開発や授業展開により一層複雑さが増していることは周知の通りである。学習参加について考えたときに，ことばは参加の媒体となるものであるが，そのことばを獲得しそこなっているとき，あるいは学習集団の友達や教師とことばを共有しそこなっているとき，ことばはバリアにもなりうるということでもある（村山，2011）。たとえば教室で使用されていることばへのアクセスが困難な子どもにとって，そのことは学習からの疎外に直結する。ことばはそれ自体が学習内容，学習課題であると同時に，日常の生活に適切にコミットするための媒体であるということにも注目してもらいたい。かつてロシアの心理学者ヴィゴツキーは，障害児を含め，すべての子どもの人格の発達は，その子どもの集団的活動の関数として現れ，子どもが集団的活動の中で経験する困難が，高次精神機能の発達不全をもたらすことになると指摘した。適切な課題の学習を積み重ねて，子どもの認知発達（それはゆっく

りとしたペースかもしれない）を促す授業づくりを進めるための出発点
となる課題といえよう。

3. 交流及び共同学習の実践

　前節で紹介した通り，障害のある／なしにかかわらず，ともに学ぶイ
ンクルーシブ教育の実践が広がりを見せている。また，日本の学校教育
でも，共生社会に向けた学習の取組みが進められている。本節ではその
取組みの一つとして，交流及び共同学習の実践について紹介する（なお，
個人情報等の保護のため，原意を損なわない程度に事例をアレンジして
いる）。

　ここで取り上げるのは，ある小学校と特別支援学校（肢体不自由）小
学部の事例である。車いすユーザーであるＳくんは，手足が十分には動
かせないことから，小学校での体育や図工，音楽（特に器楽）等の学習
に参加することに制約がある。そのため，特別支援学校と小学校の担任
教員同士が事前に綿密な打合せを行い，Ｓくんが参加できるような学習
を事前に選定していた。また，Ｓくんにとって学習が困難であろう学習
内容についても，Ｓくんの経験が広がることが期待できると教師が判断
したこと，そしてＳくん本人もそのことを希望したため，配慮を受けな
がら参加することとなり，そのための補助的な道具や学習援助の方法に
ついても検討が行われた。

　その日の学習は国語（物語の感想文の作成），家庭科（調理実習），音
楽（器楽アンサンブル）といった内容であったが，国語では筆記・書字
の動作に替えて，Ｓくんが通常使用しているパソコンを活用することで
感想文をつくり，みんなの前で発表することができた。調理実習では，
野菜を洗い，包丁で切るなどの作業は友達の援助を得ながら参加し，フ
ライパンに入れた野菜や肉を混ぜる仕事は調理台の高さを調整するなど

の配慮により，自力で行うことができた。器楽アンサンブルでは，教師の自作による，少ない力でも音の鳴る楽器を用いて，クラスの合奏に参加することができた。

　その後，Ｓくんと小学校の友達は時々Ｓくんの自宅等で遊ぶなどの交流をするようになったという。肢体不自由のためにどうしても外出や家族，特別支援学校の友達や教師以外の人間関係をつくる機会が少なくなりがちなＳくんにとって，このような交流の機会が用意されたことは，Ｓくんの経験の拡張に極めて効果的であったことがうかがえる。また他方で，小学校の子どもたちにとっても，Ｓくんの活動の可能性，自分でできることが少なくないことなど，Ｓくんの姿から学ぶことが多かったということを，後日小学校の担任から聞いている。このように，交流及び共同学習が，特別支援学校，小学校双方の子どもたちにとって，貴重な学習機会となっていることが見て取れる。さらに，この実践で注目したいのは，交流する学級の学習活動を大きくは変えていないということである。交流及び共同学習において，特別支援学校等から友達が来校・来級する日を「特別な日」として，通常とは異なる時程，内容で学習を設定する場合もある（そのこと自体が悪いということではない）。しかし，この事例の場合，双方の学習内容には大きな変更は加えられておらず，適切な手立てを講じることによって，Ｓくんが学習に参加しやすくなっていることに注目したい。前掲でいう足場かけ，あるいは障害者の権利条約等でいわれる合理的配慮の内容を検討する上で示唆的なのではないだろうか。支援を必要とする学習者にとって，適切な手立てが用意されることで，その授業から学べることは多様かつ豊富になりうるということを示してくれる事例といえる。

4. カリキュラム・アクセスと構成主義的な学習観：まとめに代えて

　まとめに代えて，授業づくりに際して示唆的と思われる「カリキュラム・アクセス」の概念について紹介する（村山，2015）。この概念は子どもが学習内容を理解しやすくなり，発言や表現をしやすくなることによって，学習そのものへの参加を促進させることをねらいとするものである。単に学習内容を易しくすることを意味するのではなく，学習内容や指導の方法を変化させることを求めるための概念である。学習者がカリキュラムへアクセスすることを保障するための具体的な手立ては多岐にわたるが，特に特別支援教育において個々の認知や発達の特性にあわせようとする考え方に通じるものであり，個別の対応を厚くすることと，学習集団での指導の工夫との2つに具体化されている。

　個別の対応は，個別の指導計画に基づいて実施されるものと，授業中の個別の声かけなどの，教師の判断によってなされるものとがある。また，近年，小中学校等のいわゆる通常の学級でも支援を必要とする児童生徒が増えていることから，ある時間だけクラスを離れて個別や少人数の指導を受ける取り出し型の指導も行われている（通級による指導や特別支援教室の利用もこれに含んで考えてよいだろう）。また，特別な学習をするための学習材を備えたリソース・ルームの設置，活用なども注目されている。

　集団指導において，カリキュラムへのアクセスを考慮するには，授業づくりや，授業で扱う知識そのものの意味を考え直す必要が生じる。なぜなら，同じ学年の子どもには，同じ（ような）方法で指導すれば，一律に学習できるはずという前提がそもそも成り立たないからである。たとえば，前節で紹介した事例のように，障害がある子どものために，特

別な教材をつくったとする。特別な教材によって，Ｓくんには困難と考えられていた学習への参加が可能となった。支援を必要とする子どもにとって，適切な道具を用いて学習することは授業や学習を広げる可能性を多分に含むものであり，さらに極論すれば，個々の学習者の能力がその個人に内包するという能力観も問い直されなければならない。様々な学習上の困難をもつ子どもが，教材やまわりの友達，教師の助けも借りながら，より学習に参加し，よりその能力や人間性を伸ばすためにどのような学習内容と教材を用意できるかという根本的な課題に再度直面することになる。これらは，カリキュラム・アクセスの保障を検討する上で，重要な実践的示唆を与えてくれる。これらを踏まえて具体的にどのような実践を行っていくか，またそれを支える学校をどのようにつくっていくかが，これからの課題といえるだろう。

参考文献

ヴィゴツキー，L.著，柴田義松・宮坂琇子訳（2006）『ヴィゴツキー障害児発達・教育論集』新読書社

佐藤暁（2009）『子どもも教師も元気が出る授業づくりの実践ライブ』学研

村山拓（2011）「学校教育におけるリテラシー」（柏木恭典・上野正道・藤井佳世・村山拓『学校という対話空間　その過去・現在・未来』北大路書房）

村山拓（2015）「障害児教育とインクルージョン」（岡田昭人編著『教育学入門　30のテーマで学ぶ』ミネルヴァ書房）

文部科学省（2018）『特別支援学校幼稚部教育要領　小学部・中学部学習指導要領』海文堂出版

文部科学省（2018）『特別支援学校学習指導要領解説　各教科等編（小学部・中学部）』開隆堂出版

14 | 「チームとしての学校」と
校内支援システム

加瀬　進

《目標＆ポイント》「チームとしての学校」づくりが提唱される背景と求められる学校像，並びにそうした政策動向のもとで特別支援教育コーディネーターがどのような役割を担い，どのような「校内支援システム」を整備する必要があるのかを概観する。また，子供のニーズを見落とさない，放っておかないために必要な生活諸領域のニーズ対応についても検討する。
《キーワード》「チームとしての学校」，特別支援教育コーディネーター，校内支援システム

1．特別支援教育の推進と「チームとしての学校」

　小学校3年生の授業参観をした時のことである。一番前に座っている男子は隣りや後ろの席のクラスメートにちょっかいを出している。無視されると大声をあげたり，勝手に窓際へ行って校庭を眺めたりする。後方座席の男子が黙々と取り組んでいるワークシートには大人気のキャラクターの絵が描かれている。窓側の席でじっとしている女子のワークシートには名前が平仮名で書いてあるだけで，それ以上進まない。担任によると外国暮らしが長く，日本語の読み書きに苦慮している児童であるという。

　通常学級には今，実に多様なかたちで「先生にとって気になる子」がいる。そこには法制度上の特別支援教育の対象規定には入らない子ども

が数多く含まれる。特別支援教育の推進は，こうした現実の中で進めなくてはならないのである。後述するようにその推進役である特別支援教育コーディネーターは多様な役割を果たすことが期待されているものの，担任，養護教諭，あるいは管理職としての役割等を有する，深刻な多忙化が指摘される教職員が校務分掌の一つとして兼務で担うことが未だ一般的である。

　この点にかかわって，教職員の多忙化を解消し，学校が様々な教育支援人材や地域住民と協働しつつ，一丸となった教育を進めようという施策が展開されつつある。いわゆる「チームとしての学校」づくりである。特別支援教育の推進はこうした学校の現状や政策動向と密接に連動しながら進められていくことになる。

　そこで本章では，通常の小学校を念頭に置きながら，特別支援教育コーディネーターの役割，「チームとしての学校」の概要，特別支援教育の推進に不可欠な校内支援システムのあり様を概観してみたい。

2. 特別支援教育コーディネーターの役割

　ところで，特別支援教育コーディネーターにはどのような役割が期待されているのであろうか。この点について2017年3月に文部科学省から出された「発達障害を含む障害のある幼児児童生徒に対する教育支援体制整備ガイドライン」では次の11項目があげられている。

① 学校内の関係者との連絡調整
② ケース会議の開催
③ 個別の教育支援計画及び個別の指導計画の作成
④ 外部機関との連絡調整
⑤ 保護者に対する相談窓口
⑥ 各学級担任からの相談状況の整理

⑦　各学級担任と共に行う児童等理解と学校内での教育支援体制の検討
⑧　進級時の相談・協力
⑨　巡回相談員との連携
⑩　専門家チームとの連携
⑪　学校内の児童等の実態把握と情報収集の推進

　2004年1月に出された「小・中学校におけるLD（学習障害），ADHD（注意欠陥／多動性障害），高機能自閉症の児童生徒への教育支援体制の整備のためのガイドライン（試案）」で提起された役割，すなわち①校内における役割（校内委員会のための情報の収集・準備，担任への支援，校内研修の企画・運営），②外部の関係機関との連絡調整などの役割（関係機関の情報収集・整理，専門機関等への相談をする際の情報収集と連絡調整，専門家チーム，巡回相談員との連携），③保護者に対する相談窓口，と比較すると校内における役割がより細分化され，「学校内での教育支援体制の検討」とあるように，実効性のある校内支援システムの確立の資することが求められていることがわかる。子どもの支援は1日24時間，1年365日という暮らしの中で「育つ・学ぶ・住まう・楽しむ」ことを支援するというように多岐にわたるが，特別支援教育コーディネーターの中心的な役割は学校をプラットフォームとしつつ「幼児児童生徒一人一人の教育的ニーズを把握し，その持てる力を高め」ることにある，という基本を改めて確認しておきたい。

3.「チームとしての学校」

　さて，特別支援教育コーディネーターは「チームとしての学校」づくりを進める中で，特別支援教育を推進する役割を担うわけであるが，まず「チームとしての学校」が求められる背景と実現しようとしている形を見ておきたい。以下，2005年12月21日に取りまとめられた「チームと

第14章 「チームとしての学校」と校内支援システム | **205**

しての学校の在り方と今後の改善方策について（答申）（中教審第185号）」を手がかりに説明する。

（1）「チームとしての学校」が求められる背景

　答申では求められる背景として①教育活動のさらなる充実の必要性（新しい時代の子どもたちに必要な資質・能力を育むための，教育活動のさらなる充実），②学習指導要領改訂の理念を実現するための組織のあり方（学校が社会や世界と接点をもちつつ，多様な人々とつながりを保ちながら学ぶことができる開かれた環境づくり），③複雑化・多様化した課題（子どもや家庭，地域社会の変容や子どもの貧困の深刻化に伴う，生徒指導や特別支援教育等にかかわる課題の複雑化・多様化と，解決のための多職種協働の必要性），④わが国の学校や教員の勤務実態（勤務内容の多様さと勤務時間の長さ），をあげながら「チームとしての学校」の必要性を次のように記している（答申【骨子】）。

　　「学校が，複雑化・多様化した課題を解決し，子供に必要な資質・能力を育んでいくためには，学校のマネジメントを強化し，組織として教育活動に取り組む体制を創り上げるとともに，必要な指導体制を整備することが必要である。

　　その上で，生徒指導や特別支援教育等を充実していくために，学校や教員が心理や福祉等の専門スタッフ等と連携・分担する体制を整備し，学校の機能を強化していくことが重要である。

　　このような「チームとしての学校」の体制を整備することによって，教職員一人一人が自らの専門性を発揮するとともに，心理や福祉等の専門スタッフ等の参画を得て，課題の解決に求められる専門性や経験を補い，子供の教育活動を充実していくことが期待できる。

学校において，子供が成長していく上で，教員に加えて，多様な価値観や経験を持った大人と接したり，議論したりすることは，より厚みのある経験を積むことができ，「生きる力」を定着させることにつながる」。

（2）「チームとしての学校」像
　答申では「チームとしての学校」を実現するための3つの視点として①専門性に基づくチーム体制の構築，②（校長による）学校のマネジメント機能の強化，③教職員一人一人が力を発揮できる環境の整備を掲げ，あわせて「学校と家庭や地域との連携・協働により，共に子供の成長を支えていく体制」づくりの重要性を指摘する。**図14-1**は特別支援教育コーディネーターを含む学校教職員と協働しながら子どもの学びを広

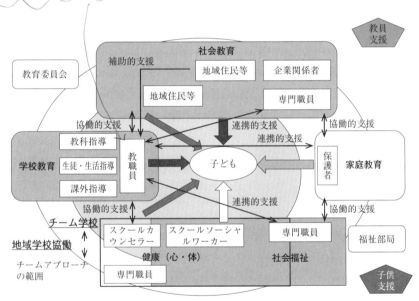

図14-1　学校を中心とした教育支援の現在（松田，2016より作成）

め，深める「教育支援（人材）」のあり様を示そうとしたものであるが（松田，2016），「チームとしての学校」像としても援用できる。

　真ん中にいる子どもに対して左側から学校教育，上から社会教育，右側から家庭教育，そして下から健康支援・社会福祉という子どもへの4つの働きかけを「機能」として配置し，そこでの教育活動と教育支援を行う人，並びにその関係性を矢印などの記号で表している。図中の「補助的支援」とは4つの機能展開各々の不足する部分を充足する支援，「連携的支援」とは各々の機能が独自に展開されながらも，情報共有等によって相乗効果を高める支援，「協働的支援」とは各々の機能を遂行する人や機関等が寄り添い，互いの強みを融合して行う支援を指す。また内側の楕円はいわゆる「チームとしての学校」の範囲を表現し，外側の楕円はこうした学校をプラットフォームにして形成されたネットワークによる，地域創生の推進にかかるひと・もの・ことまでをも射程に入れようという志向性を表現したものとなっている。

　以上を前提として「教育支援人材」を4つの機能と3つの支援類型から例示すると次のようになろう。

　まず社会教育からは，たとえば登下校の安全管理を行う地域住民による補助的支援，社会教育専門職員がゲストティーチャーとして学校の授業に協働的支援者として参画しつつ，学校と連絡を取り合って，社会教育施設のプログラムづくりを考案するという連携的支援が想定されよう。特に後者は企業，得意分野をもつ地域住民や専門職にもあてはまる。

　また家庭教育・保護者は子どもを育てるという直接的な行為をするとともに，連絡帳などによる学校と家庭の一貫性を担保する連携的支援，保護者・PTAとしての学校に対する補助的支援を行いつつ，社会教育分野と健康支援・社会福祉分野と協働しながら子どもの育ちと学びを豊かにしていく主体的な行為者であると理解できる。

一方，健康支援・社会福祉という下からの働きかけは，まさに特別支援教育コーディネーターとスクールカウンセラーやスクールソーシャルワーカーの協働的支援として，子どもの心の安定を図り，生活環境を整備することが「学習のレディネス」づくりに結実し，またそのこと自体が担任業務・児童／生徒指導に対する補助的支援にもなるのである。

なお，ここでいう「教育支援」とは次のように定義されている（松田，2016）。

> 「教育的支援とは，子どもを支援する場合と教育者を支援する場合の二つを含む，学びに関わる他者の行為への働きかけであり，その意図を理解しつつ，補助したり，連携したり，協働したりして，そこでの行為の質を維持・改善する一連の活動を指し，最終的には，学びということがらをなす，子どもの力をつけることである」。

4. 子どもの多様性と「特別な教育的ニーズ」

さて，以上見てきたように，特別支援教育コーディネーターは「チームとしての学校」づくりが進められる中で，スクールカウンセラーやスクールソーシャルワーカー等の教育支援人材と連携・協働しながら特別支援教育推進の中核的な役割を担うわけであるが，その対象となるのは「多様な子ども」たちである。たとえば次節で取り上げるX市立A小学校における「校内支援システム」のアセスメント結果として浮上してきたその子ども像は，生活体験の格差につながる家庭の経済的格差と愛着形成の格差につながる保護者の子育てロールモデルの格差を背景としつつ，おおよそ次のようであった。

① 発達障害とその周辺児（非診断系発達障害）
② 知的障害
③ 学習の不全・遅れ

④　多様な病気

⑤　心因性の高ストレス

⑥　精神疾患

⑦　登校しぶり・不登校

⑧　セクシュアル・マイノリティ（LGBT 等）

⑨　ギフテッド（高度な知的能力を保持）あるいはタレンティッド（特異な才能を保持）

　私たちはこうした「多様な子ども」たちをどのようにとらえ，どのように教育し，支援していけばよいのであろうか。この問いに手がかりを与えてくれるのが「特別な教育的ニーズ」という概念である。

　子どもはすべて，その多様性に応じた「個性としてのニーズ」を有している。もし，子どもが在籍する学校が通常，活用している資源（ひと・もの・こと）によって「個性としてのニーズ」を充足できるのであれば，「特別な教育的ニーズ」は発生しない。しかしながらもし，子どもが在籍する学校が通常，活用している資源（ひと・もの・こと）では充足できないニーズを，適切・的確に充足（軽減・解消）する資源（ひと・もの・こと）を必要とする状態が発生するとすれば，それは「特別な教育的ニーズ」を有する子どもがいることになる。つまり「特別な教育的ニーズ」という概念は医学的に定義される「障害」のような個人因子のみを指すのではなく，現実に用意される環境因子との関係においてその子どもに生じる困難をとらえようとする概念なのである。したがってこの概念を用いて把握しようとするものは子どもの「困難」とその個人因子，環境因子であり，ここに校内支援システム，すなわち一人ひとりの子どものニーズを的確に把握するしくみが求められる理由が存在する。

5. 校内支援システムのあり方

　校内支援システムとは子どもが不公平感や孤独感を感じることなく「このクラスの一員でよかった」と実感でき，「わかった・できた・たのしいね」と思える授業を享受でき，多様なクラスメートを受け止めることのできる学級経営を基盤とした「学校づくり」と言い換えることができる。ここでいう学校づくりとは①「困っている子どもを発見する」スクリーニング，②個々の子どものアセスメントと支援方法の検討，③支援の実践（必要な「ひと・もの・こと」の準備と展開），④支援の振り返り・記録・評価という一連のステージを円滑に，かつ実効性をもって展開できる「校内支援システム」の構築である。

　図14-2はA小学校が4年の歳月をかけてつくりあげた「校内支援システム」4つのステージであるが（小長井・加瀬，2007より作成），簡略に説明するとおおよそ次のようである。

　まず学校長のリーダーシップにより「すべての児童に「わかった・できた・たのしいね」と思える授業づくり」がA小学校の中心的な学校運営方針であることを校内外に広報する（ステージ1）。そして全児童のスクリーニング，つまり標準化された検査による学習の遅れの把握，担任の行動観察による学習・行動面の強みと弱みの把握から「個別に配慮を要する可能性のある児童」を掌握する（ステージ2）。次に，この「個別に配慮を要する可能性のある児童」一人ひとりについて「連絡会議」を開き，保護者の理解と同意を得ながら，発達検査等を行い必要な情報収集を行って必要な児童に「個別の教育支援計画」を作成し，支援会議で支援プログラムを確定する（ステージ3）。以上の経過を踏まえて実践を展開し，支援プログラムの評価と見直しを行うというものである。

　なお，図中のグループ1～3は支援プログラムの対象児童の類型を表

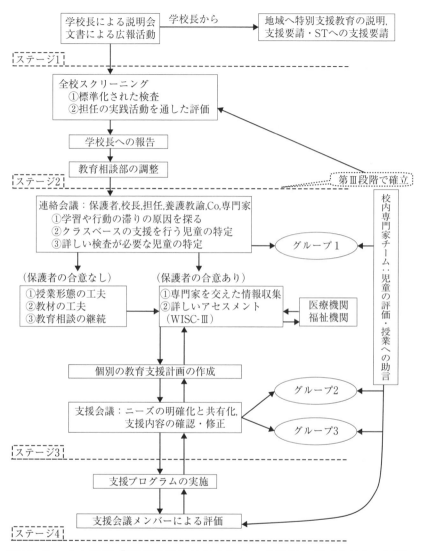

図14-2　A小学校「校内支援システム」4つのステージ（小長井・加瀬, 2007より作成）

している。「グループ1」は理解に時間がかかる，読み違いが多い，1日の予定が理解できないといったニーズを有する児童に，通常学級をベースにした「できる支援」を行う（授業中のワンポイント指導や学年でのコース別学習など）グループである。「グループ2」は読み違いが多い，算数の文章題が解けない，教室で暴力や暴言があるといったニーズを有する児童に，学級担任のみならず教務主任，養護教諭，少人数指導担当者，専科教員などの校内資源を活用するグループである。そして「グループ3」は著しい学習の遅れがある，教室からの逸脱・授業妨害や反社会的行動が見られる児童に，外部の専門家を交えた「校内専門家チーム」や医療機関を含む社会資源を活用した細やかな個別指導，本人と家族に対する相談支援を実施するグループとなる。なお，特別支援学級は「グループ4」となっている。

　A小学校ではこうした校内支援システムを構築することで，教師からも保護者からも「子どものニーズを〈見落とさない・放っておかない〉学校」として認知され，年度が進むごとに細やかな対応が可能となっていったのである。

　しかしながら同時に，学校だけでは支援できない現実，すなわち家庭支援や社会資源の開発，地域づくりといった課題が顕在化することにもなった。まさに「チーム学校」という視点をもってそうした諸課題の解決に取り組まなくてはならないのだが，この点を取り上げる前に，校内支援システムづくりのポイントについて見てみよう。

6. 校内支援システムづくりのポイント

（1）　校長のリーダーシップ

　「特別支援教育の推進について（通知）」は校長の責務として，①自らが特別支援教育や障害に関する認識を深めるとともに，②リーダーシッ

プを発揮しつつ、③特別支援教育を行うための体制の整備及び必要な取組体制の整備等を行い、④組織として十分に機能するよう教職員を指導し、⑤学校経営が特別な支援を必要とする幼児児童生徒の将来に大きな影響を及ぼすことを深く自覚し、常に認識を新たにして取り組んでいくこと、の5点を指摘している。A小学校ではまさに校内支援システムの構築にあたって発揮された校長のリーダーシップが大きな役割を果たしたといえよう。端的にいえば「特別支援教育」を障害のある子どもの教育に限定せず、「すべての子どもが"わかった・できた・たのしいね"と実感できる授業を実現する教育」ととらえ、学校内外の広報に努めたからである。

　だが、「リーダーシップ」は管理職のみが発揮するものではない、という点に注意しておきたい。新任の教員が率先して様々な校務に取り組む、よりよい授業づくりに向けて積極的に先輩教員に相談する等が教員全体の士気を高めるといった若手のリーダーシップもある。教員一人ひとりが身内意識に閉ざされたり、知らぬふりをしたり、管理職に対する苦情に終始するのではなく、我が事として取り組める学校運営が求められるともいえよう。

（2）　適切なチームの類型

　また校内支援システムづくりには、教員のチームワークが欠かせないが、その「チーム」にも課題に適した類型があるという点もおさえておきたい（山口，2008）。

1）　タスクフォース

　特定の目的達成のために構成されるチーム。研究モデル校の指定を受けた学校が組織する特別な研究部など。

2) チーム

長期にわたって協働しあうことが求められる教員集団など。

3) クルー

虐待を含む複合的困難事例などの緊急事態に対応するベテラン集団タイプなど。

(3) チームとしての発達過程

そもそも集団には集団の発達過程があり，幼年期はチームづくりを試行し，青年期は活発に活動し，壮年期はゆとりと自信をもって事態にあたり，老年期には熟成した知恵が集積される，というように変化する。学校の場合，とりわけ教員の人事異動によるチームワークの停滞を防がなくてはならないが，「校内支援システム」そのものが停滞を防ぐしくみであると同時に，チームが壮年期段階にあるうちに再活性化を図ることも重要である（山口，2008）。「教育は人である」が「教育は人に左右されてはならない」のである。

7. 生活諸領域のニーズへの対応

6節でふれたように，よく整えられた「校内支援システム」に基づく学校教育の実践だけでは解決できない，生活諸領域のニーズにも目を向ける必要がある。ここでは家庭環境と社会資源の調整という2つの視点から見ておこう。

(1) 家庭環境

家庭環境，とりわけ母親の養育力不足を課題視する声が後を絶たない。しかしながら家庭力の低さ，母親の養育力不足を非難しても始まらない。そうした母親は「困った親」なのではなく，「困っている親」だからで

ある。もちろん厳しい虐待ケース等においては子どもを緊急保護できる環境調整も必要であるが，今できる家庭環境を考えなくてはならない。そうした家庭環境の調整インデックスについて，宮下（2015）が次のように整理している。

① 家族内の人間関係（母子密着，親子・きょうだい・夫婦不和，孤立感，病気等）に起因する子どもの不安や緊張，疲れに寄り添い，必要に応じて関係機関につなぐ。

② 子育てへの緊張や養育力不足，障害受容の難しさ，保護者の健康状況等，保護者のしんどさに寄り添い，励ましながら見守る。また，必要に応じて福祉サービスを利用できるよう関係機関につなぐ。

③ 生活リズムや基本的な生活習慣の確立，食生活の工夫の仕方について具体的方法を提案する。

④ ネットやゲームなどへの依存を防ぐよう助言する。

⑤ 虐待が疑われる場合は，児童相談所や子ども家庭支援センター，警察と連携する。

⑥ 家庭内暴力に直面している場合，医療機関など関係機関につなぐ。

（2） 社会資源

ここでいう社会資源とは「学校環境と家庭環境の調整にあたり必要とされる〈ひと・もの・こと〉」を指す。まず学校環境の調整との関連においてみると，A小学校の例でいえば，まず「校内支援システム」づくりに必要な，教職員からみて力量があり，協力的な専門職があげられる。スクールカウンセラーやスクールソーシャルワーカーの配置が進められてはいるが，現状では職種ではなく，子どもと教師と家族のニーズを的確に把握し，必要な支援を提供できる心理・福祉・医療の専門家を用意しなくてはならない。その意味では具体的にどこに，どのような力量を

もった人材がいるか，という「情報」を整理しておくことも人切になる。

　また，本章で想定している通常の小学校からみれば，子どもの学習や社会性・行動の状況によっては特別支援学級や通級指導教室，特別支援学校，適応指導教室，フリースクール，貧困家庭児童への学習支援や食事支援等を行う居場所等の利用がスムースにできる調整も求められる。この場合も，抽象的な学級・学校等の名目ではなく，実際に受け入れてくれる学校・学級・居場所の調整・開拓，家族の了解の取り付け，有料の場合の費用負担調整とセットで進めなくてはならない。

　一方，家庭環境との関連で見ると，これらと重なる部分が少なくないことに気づくであろう。特に経済的に困窮している家庭に対しては支援を積極的に考えてくれる生活保護のワーカーや生活困窮者自立支援法に基づく総合相談窓口の把握と家族に対する利用支援が重要になってくるし，保護者と子どもの医療機関へのつながり，特に精神科に関しては同様の調整が必要になる。

　なお，現実には社会資源の少なさ，保護者の理解と了解を得る難しさが大きな壁となることがある。たやすいことではないが，不足する社会資源の開発，そして保護者と二人三脚で歩める専門職の養成・研修体制の整備が社会環境の調整における大きな課題であることを理解しておきたい。

引用文献

中央教育審議会（2015）「チームとしての学校の在り方と今後の改善方策について（答申）（中教審第185号）」

小長井香苗・加瀬進（2007）「特別支援教育に学校全体で取り組む体制づくりに関する研究―X市立A小学校における「校内支援システム」形成過程の素描―」（『東京学芸大学紀要総合教育科学系』58，pp.289-270）

松田恵示（2016）「教育支援とは何か―教育支援の概念」（松田恵示・大澤克美・加瀬進編『教育支援とチームアプローチ―社会と協働する学校と子ども支援』書肆クラルテ，pp.1-14）

宮下佳子（2015）「子どものメンタルヘルスを守る環境調整」（『指導と評価』729，pp.24-26）

文部科学省（2017）「発達障害を含む障害のある幼児児童生徒に対する教育支援体制整備ガイドライン」

文部科学省（2004）「小・中学校におけるLD（学習障害），ADHD（注意欠陥／多動性障害），高機能自閉症の児童生徒への教育支援体制の整備のためのガイドライン（試案）」

山口裕幸（2008）『チームワークの心理学，―よりよい集団づくりをめざして』サイエンス社

参考文献

松田恵示・大澤克美・加瀬進編（2016）『教育支援とチームアプローチ―社会と協働する学校と子ども支援』書肆クラルテ

中野民夫監修，三田地真実著（2013）『ファシリテーター行動指南書―意味ある場づくりのために』ナカニシヤ出版

菅原ますみ編（2012）『子ども期の養育環境とQOL』金子書房

門田光司・奥村賢一監修，福岡県スクールソーシャルワーカー協会編（2014）『スクールソーシャルワーカー実践事例集―子ども・家庭・学校支援の実際』中央法規

15 | 移行支援と多職種連携

加瀬　進

《目標＆ポイント》　特別支援教育における「移行支援」には時間軸と空間軸という二つの視点があり，幼児児童生徒と保護者が各々においてどのような課題に直面するのかを理解することを目標とする。また，その支援には教員以外の多様な職種が関与するが，その連携・協働の実際と課題を踏まえつつ，移行支援の現状と課題を概観する。

《キーワード》　移行支援，"個別支援計画"，ライフステージ，多職種連携

1.「移行支援」に関する2つの視座

　「移行支援」は時間軸でみた「移行」と空間軸でみた「移行」に分けて考えることができる。時間軸でみた「移行」支援は「個別の支援計画」を説明する文脈で取り上げられる「医療，保健，福祉，教育，労働等の各機関が，乳幼児期から学校卒業後まで，障害のある子どもに一貫した支援を行うことができるようにするための計画」といったライフステージを越えていく「移行支援」を指す。一方，後者は通常学級内での個別支援利用から通級指導教室利用へ，特別支援学級への移籍や特別支援学校への転学またはその逆といったライフステージにおける学習や暮らしの場の「移行支援」を指す。まず，この2つの移行支援について見てみよう。

（1） 時間軸で見た移行支援

　文部科学省は「個別の支援計画」と「個別の教育支援計画」の関係を次のように説明している。

　　「「個別の支援計画」とは，乳幼児期から学校卒業後までの長期的な視点に立って，医療，保健，福祉，教育，労働等の関係機関が連携して，障害のある子ども一人一人のニーズに対応した支援を効果的に実施するための計画です。その内容としては，障害のある子どものニーズ，支援の目標や内容，支援を行う者や機関の役割分担，支援の内容や効果の評価方法などが考えられます。

　　この「個別の支援計画」を，学校や教育委員会の教育機関が中心となって策定する場合には，「個別の教育支援計画」と呼んでいます」。（「障害のある子どものための地域における相談支援体制整備

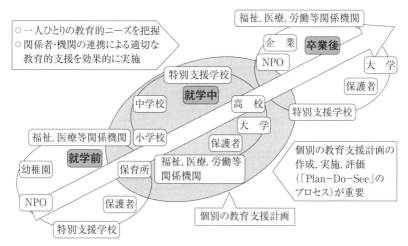

図15-1　個別の支援計画―障害のある子どもを生涯にわたって支援―
（独立行政法人国立特殊教育総合研究所（2006）『「個別の教育支援計画」の策定に関する実際的研究』p.17より作成）

ガイドライン（試案）」2008年3月）

　ところで，「個別の支援計画」と「個別の教育支援計画」を使い分けるのはなぜであろうか。

　「個別の教育支援計画」が始動した端緒は2002年12月に公表された「障害者基本計画」である。すなわち，「三　分野別施策の基本的方向」の8分野のうち，「4　教育・育成」分野において，「障害のある子ども一人一人のニーズに応じてきめ細かな支援を行うために乳幼児期から学校卒業後まで一貫して計画的に教育や療育を行う」という基本方針を受け，「障害のある子どもの発達段階に応じて，関係機関が適切な役割分担の下に，一人一人のニーズに対応して適切な支援を行う計画（個別の支援計画）を策定して効果的な支援を行う」（(2)「施策の基本的方向」のa.一貫した相談支援体制の整備）とされたのであった。

　そして翌2003年の「今後の特別支援教育の在り方について（最終報告）」は，「教育」という冠を付した「個別の教育支援計画」を提言し，「この計画の策定について，新しい障害者基本計画にも規定されており，適切な教育的支援を効果的かつ効率的に行うため教育上の指導や支援の具体的な内容，方法等を計画，実施，評価（Plan-Do-See）して，より良いものに改善していく仕組みとして重要なものと考えられる」（第2章4「「個別の教育支援計画」の必要性」の(1)）と指摘したのである。参考資料として示された概要とともに，「教育・育成」という分野別施策のゆえか，かなり教育に引きつけた性格付けがなされたのであった。

　さて，この最終報告を受ける形でまとめられた2005年12月の中教審答申「特別支援教育を推進するための制度の在り方について」では「長期的な視点で乳幼児期から学校卒業後までを通じて一貫して的確な支援を行うことを目的として策定されるもので」あり，関係機関・部局と連携しながら「教育的支援を行うに当たり同計画を活用することが意図され

ている」という方向性が確認された。また，名称としての「個別の教育支援計画」の理解の仕方については，その策定にあたって「学校や教育委員会などの教育機関等が中心になる場合に，「個別の教育支援計画」と呼称しているもので，概念としては同じものである」と指摘し，上述の障害者基本計画でいう「個別の支援計画」と同義であるとした。つまり策定にあたってホスト役を学校等が務める場合に教育という冠を付すものの，「関係機関が適切な役割分担の下に，一人一人のニーズに対応して適切な支援を行う計画」であることに変わりはないとしたわけで，教育と福祉それぞれの分野で策定する“個別の支援計画”に分断はないという理解を示したのだった。

（2） 空間軸でみた移行支援

　ここでは特別支援学校高等部から高等学校への「移行」支援事例をもってその説明としたい。以下がその実践概要である（加瀬，2011）。

　　　肢体不自由養護学校高等部3年生の俊平君（仮名）は幼いころから長期入院を余儀なくされ，家庭生活をほとんど経験できず，学校生活の大半が病院における訪問教育であった。しかし2年生の終わり頃に周囲も驚くほどの回復を遂げて，当面の介護体制確保が可能であれば退院の見通しが立ってくる。病院の担当医，看護師長，医療ソーシャルワーカーの勧めだけでなく，本人も家庭で暮らし，学校へ通う生活を強く希望したことから，春休みに自宅へ。ところが1週間もしないうちに体調を崩し，再入院。病院側の見立ては保護者による「医療的ネグレクト」……ケアを意図的に怠り，再入院させることで，自らの養育義務を放棄する……保護者，とりわけ母親に対する周囲の眼差しは「なんという困った親だ！」となったのである。

俊平君の在籍する養護学校は「個別の教育支援計画」づくりに積極的に取り組んでおり，緊急度を見極めながら一人ひとりの支援会議を重視してきている。学校からの働きかけに長期入院していた病院も積極的に応じ，１回目は病院へ学校の担任・養護教諭・特別支援教育コーディネーターが出向く形で，２回目も同様に病院チームと学校チームに保健所と福祉事務所のスタッフが加わる形で支援会議がもたれることとなった。

　この支援会議，並びに会議の間の学校チームと福祉事務所の地区担当ケースワーカーによる情報収集で明らかになったこと，それは母親と家族が置かれてきた厳しい環境であった。夫とは別居状態，俊平君のきょうだい２人に見られる父親からの虐待の可能性，母親自身の抑鬱症状，こうした事態の長期間にわたる蓄積による家族全体の引きこもり……。第３回目の支援会議には退院後に俊平君を引き継ぐ予定の病院スタッフ，児童相談所のワーカーも加わり，①訪問看護とヘルパーを入れる方向で母親に働きかける，②入院していた病院と通院予定病院の連携強化と移行，③寄宿舎利用から家庭生活へというステップの導入，④俊平君の卒業後の生活支援の検討，⑤きょうだいの生活実態調査，という「協働」の具体的戦略が立てられた。こうした経過の中で，いつしか母親に対する周囲の眼差しは「とっても困っている親御さんなんだ！」に変わっていったのであった。

　３回目の支援会議から３ヶ月後，支援会議に集まったメンバーからの報告は①困難な状況にある家族という理解が進んだことで母親が関係機関に相談しやすくなった，②訪問看護ステーションから看護師が週１日入り，保健所の定期的訪問も重なったことで俊平君自身の病気への対応，健康意識が高まった，③児童相談所の調査によ

りきょうだいの実態把握ができ，支援方針が立てられた，④福祉事務所がヘルパー派遣を実施し，母親の身体的・精神的安定が図られ，家族全体の生活意欲が高まった，というものである。これまでの経過を踏まえたかかわりを重視することで学校生活も安定し，俊平君は家庭で暮らし学校に通うという形の「もう一つの高校生活」を獲得したのである。

2.「個別の教育支援計画」と"個別支援計画"

上述したように，時間軸と空間軸のそれぞれにおける「移行支援」をつなぐツールとして「個別の教育支援計画」の果たす役割は大きい。しかしながら「個別の教育支援計画」は文部科学省が説明する以上に，多種多様な"個別支援計画"の一つとなっていることに留意することが必要である。

図15-2は多種多様な"個別支援計画"の概念整理を試みた図である。

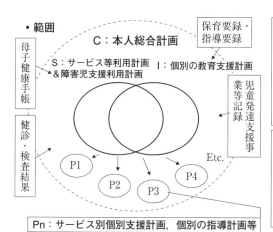

図15-2　"個別支援計画"の概念整理（筆者作成，2018）

まず、“個別支援計画”の概念整理をするにあたって、〈トータル・プラン〉と〈サービス・プラン〉という区分を用いてみよう。前者は住まう・学ぶ・楽しむ・働く・健康を維持する・様々な資源にアクセスするといった「暮らしの構成要素」全般にわたる広義の生活支援設計を志向する計画であり、後者はその一部を専門に引き受け、具体的なサービス提供のあり方を明示することを志向する計画である。図15-2でいえば、教育分野の〈トータル・プラン〉は「Ⅰ：個別の教育支援計画」であり、〈サービス・プラン〉は「Pn：個別の指導計画」、福祉分野の〈トータル・プラン〉は「S：サービス等利用計画／障害児支援利用計画」であり、〈サービス・プラン〉は各々の福祉サービスについて提供事業所が作成する「Pn：個別支援計画」となる。本来であれば、この2つを含んだ「マスター・プラン（本人総合計画）」が必要と考えているが、制度的にも現実としても、現時点では「理念型」にとどまっている。

　さらに、何らかの支援を見通した「個を対象とする記録」はこうしたプランの情報源としても折り重なっていく。図中でいえば母子健康手帳、健診・検査結果、保育要録・指導要録、児童発達支援事業等の記録である。ここで想起しておきたいのは①本人・保護者の立場から見たときに無用に重なる面倒な計画・記録になっていないか、②そこにかかわる支援者にとって有意義なものとなっているか、③こうした諸計画・諸記録にかかわる支援者が情報共有を基盤とする多職種連携を実現しているか、という3点である。皮肉なことに“個別支援計画”の乱立と多職種連携の必要性は表裏一体となっているのである。

3. ライフステージと移行支援の課題

　1997年に自主出版された横浜障害児を守る連絡協議会（1997）『私たちが願うふつうの暮らし』は今でもライフステージと移行支援の課題を

考えるにあたり，実に有用な視点を私たちに与えてくれる。ここでは同報告書にまとめられた保護者の支援ニーズを手がかりに考えてみよう（「　」内は筆者による要約）。

（1）　就学前段階

「子どもの障害が判明してくると家族全体の緊張・不安が高まり，周囲も専門療育機関も母子一体を強調するため母親の負担感がつのる。家族の養育力，ふつうの子育てという視点の回復が課題となる。また，療育等の専門機関や保育園・幼稚園への通所・通園が始まると，生活リズムができ始めるのと同時に「送迎」問題を中心に実際的な負担が増える。その結果，①同じ立場の親，②徹底的に傾聴してくれる専門家（医療・療育等），③専門機関以外の遊び場やショートステイと援助者，④「送迎」の援助，という４つのニーズが発生する」。

ここにはまさに，保護者の不安や子供の障害を受け止める上での心の揺らぎに寄り添い，手を携えて支援していく多職種連携の必要性が端的に表されている。

（2）　小学校段階

「普通学級・特別支援学級・特別支援学校への就学相談・適正就学保証の問題を経て早期療育への反省が始まる。また障害児の場合，子どもだけで遊ばせることができず，親は「家事をしながら，食事を摂りながら，一休みしながら」子どもを見続ける「ながら族」になり本当の休息がない。また，子どもの行動範囲の広がりと意思の明確化に伴って外部とのトラブルが増加する。家族は「施設に預けるのではなく，家庭で育てたい」という願いをもって踏ん張ることとも相まって，⑤家族を含めた生活相談の相手，⑥将来の自立生活に向けた実際的なプログラム，⑦

家庭を取り巻く地域でのふれあいによる障害（児）理解，⑧学校では学びきれない自己判断をする体験，キャンプ・合宿など宿泊を伴う生活体験，が求められる」。

小学校段階ですでに時間軸の移行支援，将来の自立生活に向けた支援の必要性が意識されていることがわかる。家庭と学校の往復だけではなく，地域における多様な活動やそれを通した人的ネットワークづくりを進め，それを進級・進学先につなげていく必要があるのである。

（3）　中学校段階

「思春期への対応（性の相談）や体格の向上・行動範囲の一層の広がりに伴い，⑨ガイドヘルパーへのニーズ，が顕在化する。また親の周囲に対する「謝り疲れ」が蓄積して世間の無理解への憤りが高じるとともに，幼児期とは逆に，⑩障害児関係者だけの閉じた集まりからの脱皮，が要望されるようになる。また生活体験についても，⑪地域で暮らすための買い物・料理・親以外の援助者と共同生活するための準備体験（宿泊）が求められるようになる」。

時間軸の移行支援を考えるにあたって「⑩障害児関係者だけの閉じた集まりからの脱皮」という指摘に留意したい。地域社会に親しい，理解ある人を得るための支援が実はより早期の段階から求められているのである。

（4）　高校段階

「生活パターンが確立し，学校で過ごす時間も長くなる反面，地域における活動への参加が減少する。親の高齢化が次第に自覚され，子どもの状況と地域資源の格差により，高校（高等部）卒業後の進路選択の幅にも差異が生じ，保護者間の不和も問題となる。この時期には，⑫子ど

もと同じ年頃の遊び相手兼援助者，⑬宿泊を伴う地域における自立生活体験，が求められる」。

　進路先は高等教育機関，障害者福祉サービス事業所，あるいは企業等に分かれるが，重要なことは本人が自分でできることと支援を求めたいことの整理と実行ができ，保護者は不安もあるが支援は必ず得られると思える環境があり，子どもを社会に送りだそうという気持ちになれることである。そのためには，ここまでの育ちの中で本人と保護者がどれだけ安心を実感できるかが大きくかかわってくる。移行支援と多職種連携が重要となるゆえんである。

4．事例にみる移行支援システムづくり：Ｔ市の保幼小連携

　ここでは療育専門機関，保育園，幼稚園における子どもの情報が小学校に適切に届かない状況を打破したＴ市の取組を概観してみたい（加瀬，2013）。

（1）　保育要領と就学支援シートの概要

　2009年の改訂「幼稚園幼児指導要録」，同年初めて制度化された「保育所児童保育要録」並びに「認定こども園こども要録」の三要録は，様式に若干の違いはあるものの「子どもの育ちに関する情報を記録し小学校に伝える」という役割は共通している。しかしながら，Ｔ市の実態としては次のような問題点が指摘された。

・保育要録は詳細に記入されているが，情報開示における保護者への配慮もあって，たとえば「どのような支援があれば集団に入れるのかが書かれていない」，あるいは「相手にかまわず一方的に話をする，と書きたいところだが，元気にはきはきとした物言いをする，と書いて

しまう」というように，小学校教員が欲しい情報が明確に書かれているとは限らない。

・指導要録・保育要録ともに学校には一応届くが，時期がばらばらであり，学校側の管理と教員への開示手続きが曖昧な現状もあいまって，せっかくの情報が十分に活用されていない。加えて教員の中には「先入観をもちたくない」という主義主張から，意図的に活用しない者も散見される。

・一方，一部の小学校では気になる児童について「就学連携シート」の作成を幼稚園・保育園側に依頼し，健康・日常生活，活動の様子，人とのかかわりに関する課題の有無と有用な支援方法の把握に努め，効果的に活用されている。ただし，Ｔ市共通のシステムにはなっていない。

以上の課題を踏まえ，Ｔ市では小学校教員・幼稚園教員・保育所保育士らによるワーキンググループが検討を重ね，2つのツールとその活用のためのルールが提案された。その概要はおおよそ次のようである。

（2）「保育所児童保育要領の記入と活用」

保育要録の書式をもとに，記入の観点と記入例を作成した。たとえば「子どもの育ちにかかわる事項」の観点としては①入園時からの育ちを踏まえ，成長がわかる特徴的なエピソードを数点に絞って記入する，②保育者がどう援助したか，その結果はどう変化したか，今後の課題は何か明確に書く，の2点をあげ，記入例としては次のような例示がなされている。

　〈子どもの育ちにかかわる事項（記入例）〉

　　2歳児より入園。元気で，興味のあることには積極的に取り組み，活動的である。落ち着いて話を聞くことが苦手であったが，本児の

気持ちを受け止めつつ，するべきことを絵や文字で，本児に分かるように丁寧に伝え続けたことで，保育士の話を落ち着いて聞けるようになってきた。

（3）「就学連携シートの記入と活用」

特徴の一つは自由記述を少なくするため，項目事のチェック式を導入した点である。記入経験のある幼稚園教員，保育所保育士も異口同音に，このシートを記入・作成することにさほどの負荷は感じていないとのことであった。「得意なこと・好きなこと」「保護者への配慮事項」「関係機関等の利用状況」「有効な支援・配慮事項」の4点は自由記述としているが，主たる項目は次のような構成になっている。

1）　健康・日常生活

健康面，着替え，食事，排泄に関する配慮・支援の要不要と配慮・支援事項の簡潔な記入。

2）　活動の様子

体の動き，手指の動き，絵を描く，平仮名の読み，平仮名の書き，発音・発語，行動の各項目について段階評定を行う。「平仮名の書き」を例示すれば「1：50音全部書ける，2：少し（名前など）書ける，3：手本を見て書ける，4：なぞり書きならできる，5：書けない」というようにである。

3）　人とのかかわり

かかわる人，集団参加，指示理解，コミュニケーションに関する配慮・支援の要不要と配慮・支援事項の簡潔な記入。

（4）　指導要録・保育要録及び就学連携シートの活用ルールについて

まず要録については3月末までにまとめて小学校へ届けることとして

要録をクラスごとに綴り，関係職員が手にとって読めるところに保管し，そのことを全職員に周知することとされた。また，就学連携シートは2月に行われる卒園生／新1年生に関する幼稚園・保育所と小学校との連絡会までに幼稚園・保育園側が用意し，連絡会において確実に伝えることが確認された。以上について校長会を通じ，市内の全小学校にもれなく周知徹底されることとなっている。

　なお，移行支援システムづくりは関係機関に過重な負担をかけない，T市のように既存のツールを改善するといった，良い意味で簡便な方法で作成・導入することが必要である。

5．多職種連携を求められる4つの類型

　ところで，第14章で述べているように，「チームとしての学校」といった政策動向もあり，学校そのものが多職種による協働実践の場となってきている。したがって，ますます校内における連携，一丸となった学校づくりができていない状況では外部との連携はおぼつかなくなっているといえるだろう。小学校教員に対するヒアリング調査結果を手がかりに，校内連携が求められる類型を整理してみたい（加瀬，2010年）。

（1）　適切な個別対応をするための専門性（障害特性の理解等）を得るための連携

　A先生：「たとえば，子ども同士がぶつかって1人の子どもが泣いているとしますね。そのうちぶつかった方で，泣いてない子どもに発達障害があるときなど，「僕はぶつかってない！」と言い張ることがあります。このときに，先生が発達障害のことを理解していて，「ぶつかってない」という認識は本人からすると当然の認識になっている，ぶつかって相手を泣かせ

たという認識がないのも無理ない，という理解に立てれば，
「そうだねぇ，ぶつかってないんだね。でも○○ちゃんは泣
いているよ，どうする？」と問い，発達障害のある児童に上
手に謝らせて，対人関係を維持できるんですね。そうした理
解を深める先生支援が必要です」。

（2）　特別な教育的ニーズを有する児童生徒がクラスの一員で有り続け
るための連携

　B先生：「発達障害の外部専門家が来て下さるのが普通になる中で，
　　　　　限界を感じていることがあります。それは発達障害のある子
　　　　　どもへの対応はわかっても，集団のなかで，発達障害のある
　　　　　子どもを孤立させないかかわり方，言葉かけの仕方はマニュ
　　　　　アル化されていないということなんです。初歩的なレベルで
　　　　　いえば，1人の発達障害の子どもを保健室に迎えに行く……
　　　　　そうすると，他の子どもを犠牲にすることになるのでは……
　　　　　という所から始まるわけです。発達障害のお子さんが，急に
　　　　　黒板に殴り書きを始めた，他の子どもたちは先生が何て言う
　　　　　のか，固唾をのんで見守っている……その時に，どうすれば
　　　　　良いか。コーディネーターとしてとても悩むところです。と
　　　　　いうのも，その結果として二次障害がなくなるどころか，増
　　　　　えている現状があるからなんです。ここを踏まえた連携，と
　　　　　いうか支援が今，最も求められていることだと思います」。

（3）　学校内外に居場所をもつための連携

　C先生：「成人の自閉スペクトラム症の方でうまくいっている人に話
　　　　　を聞くと，みんな自分を支えてくれて，自分を待っていてく

れて，「よく来たね」と言ってくれる友達がいたと言っている。それから理解してくれる先生ですね。先生が枠をつくってくれる。つまり居場所があった。「自分は友達に恵まれていた」という言い方をしていますが，これを校内外につくるための連携が非常に重要です」。

D先生：「〈クラスの一員であり続けるための連携〉ともかかわりますが，中学校に行ったら不登校になるのではないかというケースで，小学校の担任が「わかってくれている子を同じクラスにしてください」と中学校に頼んだんですね。でも，一緒にはならず，結局いじめの対象になってしまいました」。

（4） 重層的な家族支援を展開するために必要な連携

E先生：「たとえば，教室からすぐに飛び出してしまうので，通常学級から特別支援学級に変えたいという相談が小学校からあったんですね。いろいろと情報収集をしていくと，家庭的な背景が相当厳しく，遠足の時も運動会もコンビニ弁当をあてがわれるといった状況で，療育サイドからは「愛着形成」の問題が強く関係していると思われるわけです。

　ところが，こちら側としてはこの愛着の問題に取り組みたいと思っても，学校側は特別支援学級への移籍をメインにとらえている。さらに当該児童の兄に対する虐待も疑われ，児童相談所と中学校にも入ってもらおうとしましたが，「まだ問題が起きてないから」ということで学校側はそのようなことに少し抵抗がある，というような齟齬が少なからず起きてくるんですね。問題が起こってから行動するのではなく，地域で未然に防いでいく体制づくりが重要だと思うのですが，

学校と公的な他機関がつながることに難しさがあります。まさに多職種連携の課題ですね」。

6. おわりに

筆者はかつて次のような「ホスト・センター」構想を提唱した（加瀬，2006）。その紹介をもって本章のまとめとする。

「子どもとその家族は，そもそも教育・福祉・医療・労働等のうち，特定の分野のみで生きているわけではない。地域で育ち，生きることを志向する以上，子どものライフステージに沿って重点をおく分野を変えつつも，総合的・統合的に暮らしを運営していく。もし，地方自治体の特性に合わせた形で，子どもの出生段階から家族に寄り添う〈パーソナル・マネジャー〉としての専門職が存在し，その専門職がコア・チームを形成しつつ，まさに必要に応じながら，一定の権限をもって教育・福祉・医療・労働等の関係者を招集し，「個別の支援計画」を策定・実施・評価できる体制があるならば，どうであろうか。そして，この〈パーソナル・マネジャー〉としての専門職が常勤・専任で所属し，「個別の支援計画」の蓄積と継承を本務とする〈ホスト・センター〉が存在し機能するならば，どうであろうか」。

引用文献

中央教育審議会（2005）「特別支援教育を推進するための制度の在り方について（答申）」

加瀬進（2006）「「個別の教育支援計画」と「個別の支援計画」：チームアプローチの必要性～福祉分野からの提言～」（『発達障害研究』28(5)，pp.344-352）

加瀬進（2010）「特別支援教育の時代における多職種連携に関する研究課題の検討―小学校における多職種連携に関する聞き取り調査を手がかりに」（『SNE ジャーナル』16(1)，pp.5-25）

加瀬進（2011）「「個別の教育支援計画」の原点，現在，そしてこれから」（『肢体不自由教育』199，pp.4-9）

加瀬進（2013）「早期発見・早期支援に向けた効果的な〈既存システム活用型〉ツールの開発」（公益財団法人日本都市センター『発達障害支援ネットワークの確立に向けて』pp.23-36）

内閣府（2002）「障害者基本計画（第 2 次計画)」

特別支援教育の推進に関する調査研究協力者会議（2003）「今後の特別支援教育の在り方について（最終報告)」

横浜障害児を守る連絡協議会（1997）『私たちが願うふつうの暮らし～連絡協生活実態調査から見えてきたもの』

参考文献

加瀬進編著（2009）『福祉と教育の WE コラボ―障害児の〈育ち〉を支える』エンパワメント研究所

松田恵示・大澤克美・加瀬進編（2016）『教育支援とチームアプローチ―社会と協働する学校と子ども支援』書肆クラルテ

山口裕幸（2008）『チームワークの心理学―よりよい集団づくりをめざして』サイエンス社

山住勝広，ユーリア・エンゲストローム（2008）『ノットワーキング―結び合う人間活動の創造へ』新曜社

索引

●配列は五十音順。欧文はＡ，Ｂ，Ｃ順。＊は人名を示す。

●あ 行

愛着障害　123, 125
アカデミックスキル　175
悪夢　148
足場かけ　195, 199
アストリッド・リンドグレーン子ども病院
　　113, 115, 116
アスペルガー症候群　136, 137, 138, 139
アセスメント　64, 66, 67, 71, 100, 101
遊び　120
遊びの指導　88, 193
遊びのスキル　174
遊びは癒やす（Leken läker）　116
安心　133
安全　133
生きる力　128
育児放棄　125
移行支援　218, 219, 221
移行支援システムづくり　227
いじめ　124, 132
医療的ケア　161, 163
医療保育　120
医療保育専門士　120
インクルーシブ教育　197, 198
インクルーシブ教育システム　24
インクルージョン　179
ヴィゴツキー＊　197
うつ　111, 123, 131
うつ病　127
運動　94, 96, 98, 99, 100, 101, 102, 103, 154,
　　156, 158, 159, 162, 163
英国自閉症協会　174
嚥下　99, 156, 158
嚥下機能　156, 158, 159

嚥下障害　157, 158

●か 行

介護問題　127
解離　126
各教科等を合わせた指導　192, 193
学習空白　112
学習指導要領　87, 102, 103, 161, 190, 191,
　　192, 194
学習障害　136
学校給食　146
学校教育法施行規則　96, 192
学校教育法施行令（第22条の３関係）　49,
　　94, 95, 153, 154
学校不適応　126, 139
家庭不和　132
身体の動きにくさ　136, 139
カリキュラム・アクセス　200, 201
カロリンスカ医科大学　111, 115
感音難聴　46
感覚過敏　136, 138, 159
感覚情報処理　137, 139
感覚統合療法　162
感覚特性　146
環境調整　103, 160, 195
看護休暇　117
感染症　108
聞こえの教室　48, 49, 53, 57
希死念慮　126
寄宿舎　106, 126, 130
起床困難　149
吃音　60, 61, 62, 63, 66, 70, 71, 72
虐待　126, 132
キャリア教育　91, 92

嗅覚　141
嗅覚過敏　141
牛乳アレルギー　143
教育課程　96, 190, 191, 193
共感　174
共生社会の形成　10
起立性調整障害　147
経管栄養　158, 163
経済的格差　124
軽度知的障害　125, 139
言語発達遅滞　60, 61, 62, 64, 71
構音　60, 61, 62, 68, 69, 70, 98
構音障害　60, 61, 62, 63, 67, 68
口蓋裂　61, 62
高機能広汎性発達障害　126
高機能自閉症　139
口腔　141
拘縮　162
構造化　174
肯定的なアプローチ　174
行動障害　126
行動問題　174
校内委員会　13
校内支援システム　210
校内支援システムづくり　212
広汎性発達障害　136, 139
合理的配慮　199
交流及び共同学習　87, 90, 198, 199
呼吸　99, 157
呼吸障害　156, 160
心の理論　169, 184
子育て　146
ことばの教室　62, 64, 65, 66, 71, 72
子どもの多様性　208
子ども病院　111
子どもらしさ　120

個別支援計画　223
個別の教育支援計画　14, 89, 90, 124, 219, 220, 223
個別の支援計画　219, 220
個別の指導計画　13, 60, 66, 67, 89, 102, 161, 196, 197, 200
コミック会話　185
コミュニケーション　44, 47, 50, 51, 52, 53, 55, 56, 61, 68, 71, 101, 103, 155, 157
コミュニケーション・ブック　179
コミュニケーション・ボード　179
語用の障害　168
語用論　167
コンサルテーション　115

● さ　行
作業学習　88, 193
サックス子ども病院　111, 112, 113, 115
視覚　139, 191
自殺　111, 124, 132
思春期　119
姿勢　97, 98, 100, 102, 103, 156, 158, 159, 160, 162, 163
肢体不自由　157
実行機能　169
実態把握　13, 102
児童虐待　125
児童自立支援施設　123, 127
児童精神科　129
児童相談所　126, 127
児童発達支援センター　123
児童養護施設　123, 125, 128
自閉症　123, 136
自閉症・情緒障害教育　123
自閉症・情緒障害特別支援学級　124
自閉スペクトラム症（自閉症スペクトラム

障害） 61, 166
視野 25, 27, 28, 30, 31, 39
社会性 44, 47, 48, 56
社会的適応 123
社会的適応困難 123, 124
社会的認知 170, 184
社会的不適応 127
社会的不利 127
視野狭窄 27, 29, 39
弱視 25
弱視児 34, 38, 39, 40, 41
授業づくり 194, 195, 197, 198, 200
手話 47, 51, 52, 53, 54, 55
巡回相談 14, 123
情緒障害 123
情緒障害教育 123, 124
衝動性 125
小児がん拠点病院 107
少年院 123, 128
少年鑑別所 123, 128
食の困難 136, 139, 144, 146
触法 123, 124, 127, 132
触法行為 125
食物アレルギー 144
触覚 142, 191
自立活動 53, 55, 87, 88, 102, 103, 161, 191,
　193
自律神経 136
自律神経系 132, 136, 137, 143, 149, 150
自律神経失調 123, 124, 132
視力 25, 26, 27, 28, 30, 31, 39
神経多様性 173
進行性筋ジストロフィー症 97, 99
人工内耳 47, 51
心身症 110, 111, 123, 124, 126, 132
新生児聴覚スクリーニング 46, 49

身体運動 136, 143
身体感覚 136, 138
身体感覚問題 137, 139, 149, 150
身体虚弱 105
身体症状 132, 136, 137, 139, 149
身体の姿勢・運動 142
身辺処理 162
身辺処理動作 95
身辺自立 154
信頼関係 133
睡眠困難 136, 139, 147, 149
睡眠不足 149
睡眠リズム 147, 149
スウェーデン 105, 108, 117, 120, 121
ストックホルム 111, 113
ストレス 146
スヌーズレン 112
スペクトラム 173
生活規制 105
生活指導 127
生活単元学習 88, 193
生活年齢 86
生活の質（QOL） 105, 120, 121
生活保護 126
精神疾患 126, 127, 132
精神年齢 79
生理調節機能 156
積極的行動支援 174
摂食 156, 158
摂食障害 144, 158
摂食障害センター 111
選択性緘黙 123
全盲 25
全盲児 34
専門家チーム 14
ソーシャルスキル 174, 183

ソーシャルスキル・トレーニング（SST）
　183
ソーシャルストーリー　184
側弯　99, 156, 159
粗大運動　98, 101
育ちと発達の困難　123, 124, 132, 133

●た　行
体育・スポーツの困難　139
代謝　132, 137, 143, 150
ダウン症候群　81
多職種連携　230
多動性　125
チーム医療　112
チームとしての学校　202, 204, 206
知的機能　77, 78, 83, 84
知的障害　76, 77, 78, 80, 82, 83, 84, 85, 86,
　87, 88, 89, 90, 91, 157
知能　78
知能検査　78, 84
知能指数　78
注意欠陥多動性障害　136
中心暗点　27, 29
中枢性統合　169
中途覚醒　148
中途退学　124, 132
聴覚　139, 191
聴覚口話法　51, 55
長期入院　108
「長期入院児童生徒に対する教育支援に関
　する実態調査」（2015）　108
聴力レベル　44, 46, 50
通級指導教室　44, 49, 50, 62
通級による指導　12, 60, 62, 65, 67, 85, 86,
　96
通常の学校・学級　12

ティーンエイジャー　119
定型　173
低反応　136
適応機能（行動）　77, 78, 80, 84
伝音難聴　46
てんかん　155, 156
点字　36
当事者調査　136
当事者調査研究　139, 149
糖尿病　129
特異的言語発達障害　64
特別教育家（specialpedagog）　109, 110,
　112, 116
特別支援学級　11, 44, 50, 61, 62, 85, 87, 88,
　90, 91, 94, 95, 96, 194
特別支援学校　10, 82, 83, 84, 87, 90, 91, 94,
　96, 98, 102, 161, 190, 191, 192, 193, 194,
　198, 199
特別支援学校（病弱）　105, 126, 130
特別支援教育　9
特別支援教育コーディネーター　13, 203
特別支援教育コーディネーターの役割
　203
特別支援教育に関する教員研修　14
「特別支援教育の推進について（通知）19」
　9
特別支援教育の政策動向　15
特別支援教室　65
特別な教育的ニーズ　208
特別な教育的配慮　124
特別ニーズ教育　22
読話　51
トマトアレルギー　143

●な　行
内分泌　137, 143

内分泌系　132, 136, 150
難聴　99
難聴学級　49, 50, 53, 57
難聴学校　48
難民　120
二次障害　110, 126, 171
日常生活動作　93, 101, 159
日常生活の指導　88, 193
二分脊椎　99, 100
日本医療保育学会　120
ネグレクト　125, 127
脳性まひ　97, 98, 101

●は 行
発達困難　124, 127, 128, 133
発達支援　105, 123, 136, 150
発達障害　123, 125, 136
発達障害者支援法　63, 136
発達障害等当事者　136, 137, 139, 144, 146, 147, 149
発達相談　123
発達相談臨床　149
発達特性　149
バリアフリー　138
般化　174, 186
犯罪　127
反応性愛着障害　126
ピアサポート　119
ひきこもり　123, 124, 128, 132
被虐待　123, 124, 125, 126, 132
被虐待経験　125
低い覚醒　174
非行　123, 124, 126, 127, 132
非行少年　128
微細運動　98
非定型的な発達　173

ひとり親家庭　127
皮膚　142
皮膚感覚　139
病気の子ども　105, 108, 109
病気療養児　105, 107, 108
「病気療養児に対する教育の充実について（通知）」　107, 108
病弱　105
病弱教育　105
病弱・身体虚弱　107
病弱・身体虚弱教育　105
病弱・身体虚弱特別支援学級　105, 106, 108
病棟環境にいる子どものための北欧連合（Nordic Association for Children in Hospital：NOBAB）　120
病棟保育　120
貧困　127, 132
不安　146
不安・恐怖・緊張・抑うつ・ストレス　113, 114, 117, 120, 124, 132, 133, 146, 149, 150
不安障害　129, 131
不適応　123, 132
不登校　110, 123, 124, 126, 132
フラッシュバック　148
プレパレーション　105, 113, 117, 118, 120, 121
米国自閉症教育研究協議会　174
ベッドサイド指導　110
偏食　147
訪問教育　108
暴力　124, 132
北欧　121
保護者の支援ニーズ　225
母子家庭　126

ポジショニング　161, 162, 163
補助・代替コミュニケーション　178
ホスピタルクラウン　113, 120
ホスピタルクラス　109
ホスピタルスクール　109
ホスピタルプレイスペシャリスト　116, 117
ホスピタルプレイセラピー　105, 112, 113, 116, 117, 120, 121
ホスピタルプレイセラピーを受ける権利　120
ホスピタルプレイセラピスト　109
補聴援助システム　53, 54
補聴器　45, 46, 47, 50, 51, 52, 54
ボディイメージ　142

●ま　行

マカトン（Makaton）　180
慢性疾患　105, 127
ムーブメント教育　161
免疫　132, 136, 137, 143, 150

●や　行

夜驚　148
指文字　51
養育困難　124, 132
養護問題　128
余暇活動　187
抑うつ　124, 132

●ら・わ行

ライフステージ　224

ランドルト環　26, 27
離婚　128
リソース・ルーム　200
両親不在　127
両親保険　117
暦年齢　79
連携　174
聾学校　47, 48, 49, 50, 52, 53, 56, 57
笑い　120

●欧文

AAC　174, 178
ADHD　139
ASD　166
CA　79
DSM　173
DSM-5　61, 63, 76, 77, 80, 166
ICD-10　61
ICF（国際生活機能分類）　178
ICT　56, 72, 101, 108
IQ　78, 79, 80
LD　139
MA　79
NOBAB憲章　121
PDCAサイクル　66, 67
PECS（絵カード交換式コミュニケーションシステム）　181
PTSD　126
SLI　64
VOCA　180
WISC　79

分担執筆者紹介

(執筆の章順)

星　祐子 （ほし・ゆうこ） ・執筆章→2

1958年　茨城県に生まれる
1981年　茨城大学教育学部障害児教育学科卒業
職歴　　筑波大学附属視覚特別支援学校教諭・副校長
現在　　国立特別支援教育総合研究所上席総括研究員
専門分野　視覚障害教育，盲ろう教育
主な著書　『知ろう！　学ぼう！　障害のこと　視覚障害のある友だち』（監修　金の星社）
　　　　　『教員と教員になりたい人のための特別支援教育のテキスト』（分担　Gakken）
　　　　　『特別支援教育ハンドブック』（分担　東山書房）
　　　　　『教育・福祉・医療関係者のための特別支援教育読本』（分担　明石書店）
　　　　　『障がいがあるといわれたら～育ちへの支援～』（分担　星の環会）
　　　　　『盲ろう者への通訳・介助』（分担　読書工房）

澤　隆史（さわ・たかし）　　　　　　　　　・執筆章→3・4

1965年　東京都に生まれる
1994年　筑波大学大学院心身障害学研究科博士課程　中退
現在　　東京学芸大学教育学部・教授　博士（教育学）
専門分野　聴覚障害心理学・言語心理学
主な著書　『聴覚障害児の比喩の理解に関する実験的研究』(風間書房)
　　　　　『基礎からわかる言語障害児教育』(分担　学苑社)
　　　　　『新・発達心理学ハンドブック』(分担　福村出版)
　　　　　『特別支援児の心理学―理解と支援―』(分担　北大路書房)

奥住　秀之（おくずみ・ひでゆき）　・執筆章→5

1967年	神奈川県に生まれる
1995年	東北大学大学院教育学研究科博士後期課程退学
1996年	博士（教育学）取得（東北大学）
現在	東京学芸大学教育学部特別支援科学講座　教授
専門分野	発達障害学，特別支援教育学
主な著書	『これでわかる発達障がい』（共同監修　成美堂出版）
	『これでわかる発達障がいのある子の進学と就労』（共同監修　成美堂出版）　など

村山　拓（むらやま・たく）

・執筆章→ 6・10・13

1977年　　神奈川県に生まれる
2011年　　東京大学大学院教育学研究科博士課程満期退学
現在　　　東京学芸大学教育学部准教授
専門分野　特別支援教育，教育方法学，比較教育学
主な著書，論文等
『学校という対話空間　その過去・現在・未来』（共著　北大路書房）
『教育学入門　30のテーマで学ぶ』（分担　ミネルヴァ書房）
『驚くべき学びの世界　レッジョ・エミリアの幼児教育』（分担翻訳　東京カレンダー）
"Literacy and Curriculum in the United States: A Comparative Study", *International Journal of Educational Science and Research*, Vol.6, No.1.
"Pedagogical Content Knowledge in Special Needs Education: A Case Study of an Art Project with the Multiple/Severe Handicapped", *Universal Journal of Educational Research* Vol. 4, No.6.

藤野　博（ふじの・ひろし）　　　・執筆章→11・12

1961年	埼玉県に生まれる
1986年	東北大学大学院教育学研究科修了
現在	東京学芸大学教育学部教授
専攻	コミュニケーション障害学　臨床発達心理学
主な著書	『自閉スペクトラムの発達科学』（編著　新曜社）
	『コミュニケーション発達の理論と支援』（編著　金子書房）
	『発達障害のある子の社会性とコミュニケーションの支援』（編著　金子書房）
	『発達障害の子の「会話力」を楽しく育てる本』（監修　講談社）
	『発達障害の子の立ち直り力「レジリエンス」を育てる本』（監修　講談社）

編著者紹介

加瀬　進（かせ・すすむ）
執筆章→1・14・15

1960年	東京都に生まれる
1984年	東京学芸大学教育学部特殊教育学科卒業
1987年	東京学芸大学大学院教育学研究科障害児教育学専攻修了
	横浜国際福祉専門学校専任教員，京都教育大学助教授を経て
現在	東京学芸大学特別支援科学講座教授，修士（教育学）
専門分野	特別ニーズ教育学，障害者福祉制度，多様な学びと子ども支援
主な著書	『特別支援教育の争点』（分担執筆　文理閣）
	『教育支援とチームアプローチ―社会と協働する学校と子ども支援』（共編著　書肆クラルテ）
	『福祉と教育のWEコラボ―障害児の〈育ち〉を支える』（編著　エンパワメント研究所）
	『障害者福祉論』（分担執筆　放送大学）

髙橋　智（たかはし・さとる）　　・執筆章→7～9

1954年	北海道岩見沢市に生まれる
1978年	早稲田大学第一文学部卒業
1981年	東京学芸大学大学院教育学研究科修士課程障害児教育専攻修了，教育学修士
1986年	東京都立大学大学院人文科学研究科博士課程単位取得退学
職歴	日本学術振興会特別研究員，東京都立大学助手，日本福祉大学助教授
現在	東京学芸大学教育学部教授，博士（教育学）
専攻	特別ニーズ教育学，発達教育学，当事者調査研究，北欧教育福祉論
主な著作	『わが国における「精神薄弱」概念の歴史的研究』（共著　多賀出版） 『城戸幡太郎と日本の障害者教育科学』（共著　多賀出版） 『講座・転換期の障害児教育』全11巻（共編著　三友社） 『テキスト特別ニーズ教育』（共編著　ミネルヴァ書房） 『インクルージョン時代の障害理解と生涯発達支援』（共編著　日本文化科学社） 『特別支援教育大事典』（共編著　旬報社） 『特別支援・特別ニーズ教育の源流（史料・日本近代と「弱者」第1集）』全10巻（共編著　緑蔭書房） 『障害百科事典』全5巻（共訳編　丸善出版） 『発達障害等の子どもの食の困難と発達支援』（共著　風間書房）

放送大学教材　1529323-1-1911（ラジオ）

特別支援教育総論

発　行　　2019年 3 月20日　第 1 刷

編著者　　加瀬　進・髙橋　智

発行所　　一般財団法人　放送大学教育振興会

　　　　　〒105-0001　東京都港区虎ノ門1-14-1　郵政福祉琴平ビル

　　　　　電話　03（3502）2750

市販用は放送大学教材と同じ内容です。定価はカバーに表示してあります。

落丁本・乱丁本はお取り替えいたします。

Printed in Japan　ISBN978-4-595-31923-5　C1337